W0045625

Romanik und Gotik
in Sachsen

Matthias Barth

Romanik und Gotik in Sachsen

Architektur und Baudekor des Mittelalters

nicolai

Unser Newsletter und unsere Facebook-Seite informieren Sie über aktuelle Bücher und alle anderen Neuigkeiten unseres Verlags.

www.nicolai-verlag.de

Abbildung auf dem Umschlag: Meißen, Burgberg mit Bischofsschloss, Dom und Albrechtsburg
Abbildung auf dem Frontispiz: Pirna, St. Marien, Chorgewölbe

Die Originalausgabe erschien 2011 im Bergstadtverlag, Wilhelm Gottlieb Korn, Würzburg

nicolai *Der Hauptstadtverlag*

Konzept und Lektorat: Thomas Theise, Regensburg
Umschlaggestaltung und Satz: Martin Grundmann, Hamburg

Printed in the EU

ISBN 978-3-89479-941-0

Inhalt

Einführung

Der viel gerühmte kulturelle Reichtum Sachsens war die sichtbare Folge einer über Jahrhunderte andauernden wirtschaftlichen Prosperität. Die Region galt vom späten Mittelalter bis zum Zweiten Weltkrieg als eine der reichsten Europas. Anders als bei ihrem nördlichen Nachbarn Brandenburg-Preußen gründete der Aufstieg nicht auf militärischen Erfolgen, sondern auf reichen Bodenschätzen, genauer gesagt Silbererzvorkommen. Der Erzbergbau, der im späten 12. Jahrhundert im Erzgebirge einsetzte, führte zu einer großen Zahl von Siedlungs- und Städtegründungen in dieser für die Menschen des Mittelalters eigentlich unwirtlichen Mittelgebirgslandschaft.

Die sächsischen Landesherren spielten dementsprechend seit dem Spätmittelalter im Reich nicht nur politisch eine bedeutende Rolle, sie nutzten ihre Ressourcen auch frühzeitig, um sich mit Kunstschätzen aller Art auszustatten. Neben den bekannten Schöpfungen aus der Zeit nach der Reformation, die hier ihren Ausgang nahm, besitzt Sachsen daher eine Vielzahl erstrangiger Kunstwerke aus dem Mittelalter. Die Bautätigkeit erreichte ihre Gipfelpunkte in der späten Romanik und der ausklingenden Gotik und markierte damit zugleich die Boomzeiten des obersächsischen Bergbaus. Die spätgotischen Sakral- und Profanbauten bilden noch heute die optischen Dominanten eines vielerorts intakten, malerisch in reizvolle Landschaften eingebetteten urbanen Umfelds.

Dennoch findet man in Sachsen nur wenige mittelalterliche Kirchen, die den Terminus Monumentalbauten verdienen, vergleichbar denen der rheinischen Romanik oder der französischen Kathedralgotik. Zwar sind auch die Klöster und Stadtkirchen der sächsischen Bergbau- und Handelsstädte teilweise stattlich, sie trumpfen jedoch eher mit »inneren Werten« auf. Ihre wahre Qualität – die Komplexität ihrer architektonischen Konstruktion und das filigrane Dekor – offenbaren sie erst auf den zweiten Blick.

Aufgrund ihrer konstruktiven und baukünstlerischen Besonderheiten hat die sächsische Architektur in der deutschen Kunstgeschichte eine herausragende Rolle gespielt und war für die Kunsthistoriker stets von besonderem Interesse. Nirgendwo sonst lassen sich die Etappen des Stilwandels sowohl von der Spätromanik zur Gotik als auch von der Spätgotik zur Renaissance so bruchlos verfolgen wie hier.

Mittelalterliche Architektur ist aus verschiedenen Gründen in erster Linie Sakralarchitektur. Da die Religionsausübung im Leben der mittelalterlichen Gesellschaft einen viel breiteren Raum einnahm als in allen späteren Epochen, stellte der Kirchenbau die vornehmste Bauaufgabe dar. Auch wenn gerade in Sachsen im späten 15. und frühen 16. Jahrhunderts eine Vielzahl künstlerisch erstrangiger Profanbauten entstand, die hier gebührende Beachtung finden sollen, wird dieses Buch wie die meisten Darstellungen mittelalterlicher Architektur doch vom Kirchenbau dominiert.

Wenn auch die romanische sowie die früh- und hochgotische Architektur hier zu ihrem Recht kommen, widmen sich Text und Bilder vorrangig den Schöpfungen der Spätgotik. Obgleich das Territorium des heutigen Freistaats – und auf diesen bezieht sich unser Buch – bereits im Hochmittelalter eine reiche Kulturlandschaft war, so sind die Zeugnisse der romanischen Epoche zwar hinsichtlich ihrer künstlerischen Qualität, kaum jedoch in der Quantität mit jenen im heutigen Sachsen-Anhalt zu vergleichen, und die Entwicklung der frühen und hohen Gotik lässt sich in Böhmen oder in Thüringen weitaus besser studieren. Erst mit der im späten 15. Jahrhundert erfolgten neuerlichen Erschließung der Silbererzvorkommen war die wirtschaftliche Voraussetzung für ein reiches Baugeschehen gegeben. So erklärt sich, dass das ausklingende Mittelalter das Antlitz der sächsischen Städte nachhaltiger prägte als alle vorausgegangenen Epochen. An den Bauten dieser Zeit entzündete sich ein Disput unter den Kunsthistorikern, der mit dem Erscheinen von Kurt Gerstenbergs Buch »Deutsche Sondergotik« im Jahre 1913 seinen Ausgang nahm und bis in unsere Tage nachwirkt.

Da die verschiedenen mitteldeutschen Regionen in allen Jahrhunderten wirtschaftlich und kulturell eng verflochten waren, finden sich Elemente der obersächsischen Spätgotik etwa auch in Böhmen, Schlesien und der Mark Brandenburg. Die mittelalterlichen Bauten Sachsens sind relativ gleichmäßig über das Bundesland verteilt. Die einzige Großstadt, die kein bedeutendes mittelalterliches Gebäude besitzt, ist Dresden. Die Landeshauptstadt, die erst seit dem späten 15. Jahrhundert Bedeutung erlangte, verlor ihren einzigen größeren gotischen Sakralbau, die Kreuzkirche, bereits 1760 durch die preußische Bombardierung.

Meißen, Stadtpanorama vom Frauenkirchturm Meißens berühmtes historisches Stadtpanorama ist maßgeblich durch Bauten des Leipziger Baumeisters Arnold von Westfalen wie die Albrechtsburg und die Domtürme geprägt. An der Entstehung des Rathauses war er entgegen früher gelegentlich geäußerten Vermutungen wohl nicht beteiligt.

Görlitz, Altstadtpanorama vom Reichenberger Torturm Vom Reichenberger Torturm am Görlitzer Obermarkt weitet sich der Blick auf ein einzigartiges Architekturensemble von der Spätgotik bis zum Jugendstil.

Die romanischen und gotischen Bauten Sachsens präsentieren sich heute fast durchgehend wieder in vorzüglichem Zustand. Obwohl sich in Sachsen mit der Sprengung der unbeschädigten Leipziger Paulinerkirche (»Universitätskirche«) das vielleicht größte Kulturverbrechen der DDR-Geschichte abgespielt hat und die Folgen der durch Mangelwirtschaft und Ignoranz bewirkten allgemeinen Verwahrlosung 1990 fast allerorten zu besichtigen waren, muss doch angemerkt werden, dass das System keinesfalls nur zerstörerisch wirkte. So wurden trotz widriger Umstände beispielsweise die Thomas- und die Nikolaikirche in Leipzig denkmalgerecht restauriert, und an der bis auf die Umfassungsmauern ausgebrannten Schneeberger Wolfgangkirche wurden die Kriegsschäden mit großem Aufwand beseitigt. Nach dem Ende der DDR erkannten die Sachsen schneller als andere die Chancen, die sich aus der Pflege und Wiederherstellung ihres reichen Erbes ergaben und begannen frühzeitig mit der Restaurierung der historischen Stadtkerne, Burgen, Kirchen und Schlösser.

Angesichts der noch immer kaum überschaubaren Zahl erhaltener Gebäude musste notgedrungen eine Auswahl getroffen werden. Die Betrachtung der Sakralbauten beschränkt sich daher auf die räumlich und kulturhistorisch bedeutendsten städtischen Dom-, Pfarr- und Klosterkirchen – die Aufnahme der über das dicht besiedelte Land verstreuten Dorfkirchen hätte den Rahmen dieses Buches gesprengt. Die Text- und Bildordnung ist chronologisch; die Ausstattungsgegenstände sind dagegen überwiegend den Bauten zugeordnet, in denen sie sich befinden. Die Reihenfolge der Bauten richtet sich nach der jeweiligen Hauptbauzeit, die das Erscheinungsbild am nachhaltigsten geprägt hat.

Der Begleittext soll dem Leser die Charakteristika dieser Architektur vermitteln und dabei die unterschiedlichen, teilweise ideologischen Interpretationsansätze sichtbar machen, die sich heute nur noch schwer erschließen. Es zeigt sich hier exemplarisch, wie sehr die Kunstgeschichtsforschung immer dazu tendierte, ihre Studienobjekte weltanschaulich oder national aufzuladen.

Bautzen, Altstadtpanorama Vor allem Bauten des späten Mittelalters wie die Alte Wasserkunst, die Michaeliskirche und der Dom bestimmen das Stadtbild oberhalb des tief eingeschnittenen Tals der Spree.

Bad Lausick, St. Kilian, Ansicht von Südosten
Die ab 1105 durch Wiprecht von Groitzsch errichtete Kilianskirche in Bad Lausick ist eine der ältesten erhaltenen Stadtpfarrkirchen in Sachsen. Der mächtige hölzerne Vierungsturm wurde 1757–59 hinzugefügt. Von den Nebenapsiden hat sich nur die südliche erhalten.

Die romanische Architektur

Geschichte

Die Eingliederung Sachsens in das sich bildende Reich vollzog sich in mehreren Etappen und begann mit der militärischen Unterwerfung der Sorben durch König Heinrich I. aus dem Hause der Liudolfinger in den Jahren 928/29. 929 wurde die Burg Meißen als künftiges politisches Zentrum des auch weiterhin fast ausschließlich von Slawen bewohnten Landes gegründet. Mit der 968 durch Kaiser Otto den Großen vollzogenen Gründung der Bistümer Meißen, Merseburg und Zeitz wurde die Christianisierung Sachsens eingeleitet. Das Bistum Zeitz wurde 1030 wegen militärischer Auseinandersetzungen mit den Polen und vermutlich auch aus Repräsentationsgründen nach Naumburg verlegt. Die sächsischen Diözesen unterstanden dem gleichfalls 968 gegründeten Erzbistum Magdeburg, welches das administrative und geistliche Zentrum der Eroberung des Slawenlandes bildete. Anders als die wendischen Stämme Mecklenburgs und Brandenburgs unternahmen die Sorben keine ernsthaften Versuche, sich der deutschen Eroberer wieder zu entledigen, und arrangierten sich frühzeitig mit den neuen Herren, deren Religion und Kultur sie vergleichsweise bereitwillig übernahmen. Der große Wendenaufstand des Jahres 983 erreichte Sachsen nicht. Unter anderem dieser Tatsache war es zu verdanken, dass der slawische Bevölkerungsanteil sich langfristig in Staat und Wirtschaft zu behaupten vermochte. In der Lausitz – vor allem nördlich von Bautzen – konnten sich Reste der sorbischen Kultur – und Sprache – bis in unsere Tage erhalten. Infolgedessen nahm die in der zweiten Hälfte des 12. Jahrhunderts einsetzende, in Nordostdeutschland untrennbar mit den militärischen Unternehmungen Heinrichs des Löwen und Albrechts des Bären verbundene deutsche Ostkolonisation in Sachsen keinen vergleichbar dramatischen Verlauf. Die noch fast ausschließlich slawische Bevölkerung wurde auch durch die folgende Einwanderung deutscher Siedler nicht ins Abseits gedrängt, sondern vermischte sich bald mit den Neuankömmlingen und ging somit im neu entstehenden Stamm der Obersachsen auf.

Nachdem im späteren sächsischen Kernland bis ins 12. Jahrhundert hinein verschiedene Geschlechter geherrscht hatten, wurde 1123 – nach dem Tode Wiprechts von Groitzsch – mit Konrad I. (reg. 1123–56) ein Wettiner Markgraf von Meißen. Die Wettiner waren in Sachsen bereits seit dem 10. Jahrhundert ansässig – ihre Stammburg befindet sich an der Saale nördlich von Halle – und regierten das Land schließlich bis zum Ende des Ersten Weltkriegs. Da es Konrad gelang, zusätzlich zu seinem Meißener Stammland unter anderem auch die Oberlausitz (1136) und die Region um Zwickau zu erwerben, erreichte Sachsen während seiner bis 1156 andauernden Regierungszeit annäherungsweise seine heutige Ausdehnung. Sein Nachfolger Otto der Reiche (reg. 1156–90) trieb vor allem die Besiedlung und Städtegründung systematisch voran.

Aufgrund dieser Gemengelage wurden Sakralbauten in Sachsen bereits seit ottonischer Zeit, lange vor dem eigentlichen Beginn der deutschen Ostkolonisation errichtet, vollzog sich die Entwicklung der ottonischen und der romanischen Architektur zeitgleich mit dem Altreich. Anders als im heutigen Sachsen-Anhalt (Gernrode) haben sich in Sachsen jedoch keine Bauten aus der Zeit vor der Jahrtausendwende erhalten. Eine möglicherweise noch 968 erbaute steinerne Kapelle auf dem Meißener Burgberg ist ebenso wie der ab 1006 an ihrer Stelle errichtete romanische Dom dem Neubau aus dem späten 13. Jahrhundert zum Opfer gefallen. Auch die ersten, noch holzgefertigten sorbischen Dorfkirchen sind ausnahmslos durch zumeist steinerne Nachfolgebauten ersetzt worden. Die ersten Mönche, die sich in der Region niederließen, waren die in Nordostdeutschland sonst nicht vertretenen Benediktiner (1091 Pegau, 1136 Chemnitz, 1. Hälfte 12. Jh. Bad Lausick),

Bad Lausick, St. Kilian, Innenraum
Der schlichte Bau zeigt die charakteristischen Merkmale romanischer Basiliken wie den durch das gebundene System geprägten Grundriss mit ausgeschiedener Vierung, kuppelgewölbter Hauptapsis und Nebenapsiden. Das Innere zeigt sich heute stilreiner, als es ursprünglich war. Nach Bränden wurde es im 17. und 18. Jahrhundert barockisiert und nach 1957 reromanisiert.

Nossen, Tor zum Klostergelände Altzella Das Tor zum Gelände der im 16. Jahrhundert abgebrochenen Klosteranlage ist eines der letzten baulichen Überbleibsel der aus dem 12. Jahrhundert stammenden, einst bedeutendsten sächsischen Zisterzienserabtei. Das noch von der ursprünglichen Umfassungsmauer eingefasste Gelände ist heute in einen englischen Landschaftspark eingebettet.

die jedoch in Thüringen einflussreiche Zentren besaßen (Paulinzella, Thalbürgel). Die Zisterzienser und Prämonstratenser, die bei der Christianisierung Mecklenburgs, der Alt- und Mittelmark sowie der Niederlausitz führend waren, erlangten im sächsischen Raum, dessen erste Christianisierungsphase bereits vor der Gründung der Reformorden weitgehend abgeschlossen war, keine vergleichbar dominierende Stellung. Das erste cluniazensisch geprägte Zisterzienserkloster war 1162 Altzella (Nossen) und diente in der Folge als Grablege der Meißener Markgrafen. Auch die im Süden des heutigen Sachsen-Anhalt (Halberstadt, Hamersleben) stark vertretenen Augustiner errichteten in Sachsen mehrere Stiftskirchen (Wechselburg, Meißen, Leipzig). Neben den Klosterkirchen wurden etwa in Bautzen (St. Petri, vor 1002?), Borna (St. Kunigunden, 12. Jh.), Geithain (St. Nikolai, Anfang 13. Jh.), Colditz (St. Nikolai, 12. Jh.), Görlitz (St. Peter und Paul, ca. 1200) Freiberg (Unser lieben Frau, Ende 12. Jh.) oder Meißen (St. Nikolai, 13. Jh.) auch zahlreiche Stadtpfarrkirchen errichtet. Den zahlenmäßigen Hauptanteil romanischer Sakralbauten repräsentieren in Sachsen jedoch nicht die hier vorrangig behandelten monastischen und stadtbürgerlichen Großbauten, sondern die dörflichen Eigen- oder Patronatskirchen, die, seit die Zahl deutscher Siedler vor allem unter der Herrschaft Wiprechts von Groitzsch stetig zuzunehmen begann, in kaum überschaubarer Zahl entstanden.

Der geographische Verlauf der Besiedlung lässt sich anhand der Verteilung der romanischen Kirchenbauten auf der Karte mühelos nachvollziehen. Abgesehen vom Meißener Dom, dem im Zusammenspiel mit der Burg besondere strategische Bedeutung zukam, und der von Meißen abhängigen Bautzener Peterskirche befinden sich fast alle größeren Bauten des 11. und frühen 12. Jahrhunderts (Wurzen, Bad Lausick, Grimma, Pegau) im Nordwesten des Landes – in der Region um Leipzig. Auch das Netz romanischer Dorfkirchen ist in diesem Gebiet wesentlich dichter, und die Bauten sind im Schnitt deutlich älter als die im Süden und Osten Sachsens.

Bildeten die wirtschaftliche Grundlage bis weit in die zweite Hälfte des 12. Jahrhunderts hinein vorrangig die Landwirtschaft und der Handel mit deren Produkten, so änderte sich dies schlagartig, als 1168 bei Freiberg erstmals reiche Silbererzlager entdeckt wurden. Im Gefolge dieses Ereignisses, das die wirtschaftliche Voraussetzung für den ersten kulturellen Aufschwung Sachsens darstellte, setzte rasch eine neuerliche Welle von Städtegründungen ein. Zugleich verlagerte sich damit der Schwerpunkt der Besiedlung ins Erzgebirgsvorland, das bis dahin noch fast ausschließlich von Slawen bewohnt war. In der Lausitz gestaltete sich der Vermischungs- und Assimilierungsprozess zwischen den beiden Volksgruppen zum einen aufgrund der wesentlich geringeren Zahl deutscher Siedler und zum anderen durch die instabile politische Konstellation schwieriger. In Bautzen stellten die Sorben am Ende des Mittelalters noch fast die Hälfte der Bevölkerung. Bedeutende romanische Sakralbauten entstanden hier nur in Görlitz, das als Handels- und Tuchmachermetropole frühzeitig Bedeutung erlangte, und in Bautzen, fielen aber durchweg spätgotischen Umgestaltungen zum Opfer.

Sakralarchitektur

Stand den Baumeistern der Gotik mehrere verschiedene Kirchenbautypen zu Verfügung, so hatten die der Romanik grundsätzlich nur zwischen zwei Konstruktionsformen zu wählen: Während man repräsentative Großbauten unabhängig von ihrer Funktion fast ausnahmslos als Basiliken errichtete, wählte man für Dorfkirchen und kleinere Stadtkirchen des frühen 12. Jahrhunderts wie etwa St. Jakobi in Chemnitz oder St. Katharinen in Borna die Saalform. Diese besteht im Regelfall aus einem längsrechteckigen, flach gedeckten Schiff, das im Osten in einen baulich meist durch einen Triumphbogen abgesetzten, mit einer halbrunden kuppelgewölbten Apsis schließenden, in der Regel quadratischen Chorraum mündet. Bei den Bauten des späten 13. Jahrhunderts wie etwa in Kitzen-Hohenlohe oder Etzoldshain verzichtete man häufig auf die Apsis und fügte in die flache Chorwand einige schmale Lanzettfenster ein, meist drei.

Nossen, Pfarrkirche, Portal der Klosterkirche Altzella
Die beiden erhaltenen Portale der Klosterkirche erschließen heute die Pfarrkirche im nahegelegenen Nossen und zeugen dort vom einstigen künstlerischen Reichtum des 1540 säkularisierten Klosters. Dieses reich profilierte und mit Schmuckfriesen und Blattwerkkapitellen verzierte ehemalige Portal befindet sich an der Südfassade der ab 1565 errichteten Renaissancekirche.

Äußerlich sind im Wesentlichen vier Grundformen romanischer Dorfkirchen zu unterscheiden. Neben der insgesamt am häufigsten vertretenen turmlosen Form, die vor allem östlich der Elbe dominiert, findet man Kirchen mit querrechteckigem Westturmmassiv sowie solche, deren Turm sich am Choransatz oder über dem Chor befindet. Das häufig festungsartige Erscheinungsbild vieler Dorfkirchen mit ihren massigen Türmen rührt daher, dass diese Bauten tatsächlich auch fortifikatorische Funktion hatten und im Falle äußerer Bedrohung als letzte Zuflucht der Dorfbevölkerung dienten. Die Tatsache, dass manche Kirchen außerhalb der Dörfer auf exponierten Bergkuppen erbaut wurden und der Kirchhof häufig noch von massiven Mauern umgeben ist, ist gleichfalls in diesem Zusammenhang zu sehen.

Dorfkirchen wurden in Sachsen wie fast überall in Mitteldeutschland bis zum Ende des 13. Jahrhunderts in der beschriebenen Form errichtet. Auch die Predigträume der Folgezeit orientierten sich weitgehend an diesem Grundschema, wenn auch in den Detailformen dem jeweiligen Zeitgeschmack angepasst. Da der bei weitem größte Teil der Siedlungsgründungen in diese Epoche datiert, ist dieses Architekturgenre noch heute ganz überwiegend von Bauten der Romanik geprägt. Gleichwohl waren Dorfkirchen in noch stärkerem Maße als Stadt- und Klosterkirchen von nachträglichen Veränderungen – Einwölbungen, Fensterdurchbrüchen, Einbau barocker Altäre und Emporen – vor allem des Inneren betroffen. Da sich die purifizierenden Restaurierungen des 19. Jahrhunderts weitgehend auf die Großbauten beschränkten, findet man nur noch sehr wenige im Urzustand erhaltene Saalkirchen. Als vergleichsweise »stilreine« Vertreter dieser Gattung seien hier etwa die Meißener Martinskirche sowie die Dorfkirchen in Etzoldshain, Altpenig, Döbeln, Ricknitz und Kitzen-Hohenlohe genannt.

Die unter den Fundamenten des gotischen Meißener Doms ergrabene romanische Vorgängerkirche vertrat als erster bedeutender steinerner Sakralbau Sachsens bereits den Typus der kreuzförmigen Pfeilerbasilika. Sie folgte damit einer zu diesem Zeitpunkt bereits jahrhundertealten Architekturform, die auf die römische Markthalle gleichen Namens zurückging und seit ottonischer Zeit in der bis in die Gotik nachwirkenden Form des gebundenen Systems mit ausgeschiedener Vierung gebaut wurde. Der romanische Dom zu

Grimma, Liebfrauenkirche, Ansicht von Südwesten

Ungewöhnlich viele romanische Kirchen in Sachsen schließen im Westen mit einer Doppelturmfassade. Das Turmpaar der Liebfrauenkirche entstand bereits zu Beginn der Bauarbeiten um 1230.

Meißen dürfte weitgehend dem seit 955 errichteten – gleichfalls durch einen gotischen Nachfolger ersetzten – Magdeburger Dom geglichen haben, der für die erste Generation romanischer Basiliken während der deutschen Ostkolonisation stilbildend war. Das dreischiffige Langhaus begann im Westen an einer breit gelagerten, möglicherweise doppeltürmigen Westfront und schloss im Osten mit dem Vierungsquadrat, das den Mittelpunkt des dreijochigen Querschiffes bildete. Unter dem in einer halbrunden Apsis endenden längsrechteckigen Chor lag eine ebenso geformte Krypta. Auf den Seitenschiffostseiten befand sich je eine Nebenapsis; der Winkel zwischen den Seitenschiffwestseiten und dem Langhaus war beiderseits mit einem Turm ausgefüllt. Mit Ausnahme der kuppelgewölbten Apsiden schloss der gesamte Bau vermutlich mit einer flachen Holzdecke.

Diese Konstruktion, die auch die Mehrzahl der zur gleichen Zeit entstandenen Bauten des Altreichs prägt, blieb in Sachsen bis zum Ende der Romanik im Kern verbindlich. Da die romanische Sakralarchitektur hinsichtlich der Einführung neuartiger Bauformen weit weniger entwicklungsdynamisch war als die gotische und die eher konservativen sächsischen Baumeister an den tradierten Prototypen festhielten, handelt es sich bei abweichenden Bauten um Reduktionsformen, die wohl vorrangig aus Kostengründen gewählt wurden.

Die erste Generation der im 12. Jahrhundert entstandenen Basiliken wie die Bornaer Kunigundenkirche, die spätgotisch umgestaltete Torgauer Marienkirche und der Vorgängerbau der Leipziger Thomaskirche weicht vor allem durch den Verzicht auf das Querschiff vom beschriebenen Prototyp ab. Da die Seitenschiffe jeweils in halbrunden gewölbten Räumen enden oder endeten, werden auch die Chöre dieser Bauten von Nebenapsiden flankiert. Eine nochmals vereinfachte Variante ist die sogenannte Kurzbasilika. Diese Form wurde vor allem bei städtischen Pfarrkirchen wie der im 13. Jahrhundert zum Dom erhobenen Wurzener Stiftskirche St. Marien oder der Geithainer Nikolaikirche bevorzugt. Krypten fehlen in diesen vergleichsweise schlichten Bauten. Aus der Tatsache, dass die im frühen 12. Jahrhundert erbaute Kilianskirche in Bad Lausick bereits über Querschiff und Nebenapsiden verfügt, zeigt sich, dass schon in romanischer Zeit Stadtkirchen mit repräsentativem Anspruch errichtet wurden.

Kloster- und Stiftskirchen wurden in der voll entwickelten Basilikalform errichtet – ihre Krypten sind jedoch zum Teil, wie etwa in Wechselburg, nachträglichen baulichen Umgestaltungen zum Opfer gefallen. Die mit Abstand größte sächsische Klosterkirche Altzella bei Nossen ist nach der Säkularisation im 16. Jahrhundert bedauerlicherweise abgebrochen worden. Sie besaß mit ihrem fünfapsidialen Staffelchor den aufwendigsten Ostabschluss in der Region. Diese Konstruktion tauchte erstmals bei Cluny II auf und wurde vor allem von vielen Bauten der sogenannten Hirsauer Reformbewegung wie Gengenbach, Breitenau (beide Baden-Württemberg), Payerne (Waadtland), Thalbürgel oder Paulinzella (beide Thüringen) übernommen und hierher vermutlich über die beiden Letzteren vermittelt. Bei den übrigen sächsischen Klosterkirchen wird oder wurde der Chor nur von zwei Nebenapsiden flankiert. Wie bei den meisten Hirsauer Bauten waren auch in Altzella die beiden westlichen Langhausjoche als Laienkirche durch eine Zwischenwand vom übrigen Kirchenschiff abgetrennt.

Lassen sich gotische Kirchen vornehmlich anhand ihrer Chorlösungen klassifizieren und unterscheiden, so fällt das Augenmerk bei romanischen Sakralbauten angesichts der relativen Gleichartigkeit der Presbyterien verstärkt auf die Gestaltung der Westfassade. Der wuchtig und wehrhaft erscheinende sogenannte sächsische Westriegel, wie man ihn etwa vom Havelberger Dom, der Stiftskirche auf dem Petersberg bei Halle/Saale, der Gernroder Stiftskirche oder dem Mindener Dom kennt, ist im heutigen Sachsen vergleichsweise selten vertreten. Außer bei wenigen Großbauten wie St. Peter und Paul in Görlitz oder der Pegauer Laurentiuskirche findet oder fand man ihn vor allem bei etlichen Dorfkirchen wie St. Aegidien in Groitzsch, St. Johannes in Reichenbach oder jenen in Greifenhain, Kulkwitz, Gatzen. Bei Stadtkirchen bediente man sich in Sachsen stattdessen häufig der in der Romanik anderenorts eher ungebräuchlichen Form der Doppelturmfassade. Unter anderem der Wurzener Dom, die Geithainer

Grimma, Liebfrauenkirche, Mittelschiff nach Osten

In den Spitzbögen, den schlanken Lanzettfenstern und der Kreuzrippenwölbung im Langhaus der Liebfrauenkirche deutet sich die aufkommende Frühgotik an.

Nikolaikirche, die Röthaer Georgenkirche, die Grimmaer Frauenkirche, die Plauener Johanneskirche schließen mit mächtigen Doppelturmfronten, und auch die erhaltenen romanischen Sockelgeschosse der Rochlitzer Kunigundenkirche dürften vormals zwei Türme getragen haben.

Vom Urbau des Meißener Doms nimmt man an, dass er im Westen gleichfalls doppeltürmig schloss. Seine Westfront dürfte allerdings insofern, als seine Türme vermutlich ähnlich denen der Halberstädter Liebfrauenkirche oder der Quedlinburger Servatiuskirche aus einem breit gelagerten, massiven Unterbau erwuchsen, die Eigenschaften beider Lösungen in sich vereinigt haben. Die ursprünglichen Pyramidendächer der meist vier- bis sechsgeschossigen, durch Fensteröffnungen gegliederten Türme wurden im letzten Jahrhundert überwiegend durch steile Oktogonhelme ersetzt. Klosterkirchen wie die Kilianskirche Bad Lausick oder die Klosterkirche Altzella wurden den Ordensregeln entsprechend turmlos gebaut.

Die Gestalt der Kirchenbauten war bereits in romanischer Zeit häufig stärker vom wirtschaftlichen Potential der Gemeinden als von kirchlichen Vorschriften diktiert. Zwar wurde die Verpflichtung zur Askese von den anonymen Baumeistern der Romanik noch ernster genommen als von denen der folgenden Epoche, dennoch dienten auch Kirchenbauten der Romanik der Demonstration von Reichtum und Macht. In besonderem Maße gilt dies für die sogenannten Kaiserdome, die vielleicht mehr noch als Pfalzen und Burgen als Stein gewordene Sinnbilder imperialer Macht fungierten und ihrerseits als bauliche Vorbilder dienten. Da sich von den ursprünglich drei sächsischen Diözesen Meißen, Naumburg und Merseburg nur noch eine im heutigen Freistaat Sachsen befindet und deren bestehende Kathedrale ein rein gotischer Bau ist, haben sich hier nur durch sie inspirierte kleinere Basiliken erhalten. Die Wirkung dieser wehrhaft wirkenden Monumentalbauten dürfte für die noch von heidnischen

Wechselburg, Stiftskirche, Mittelschiff nach Osten
Der Innenraum der Stiftskirche befindet sich weitgehend noch im romanischen Originalzustand. Das gilt nicht für das 1474 eingefügte Netzgewölbe.

Wechselburg, Stiftskirche, Ansicht von Nordosten
Die ab 1168 entstandene Stiftskirche repräsentiert äußerlich den Idealtyp einer hochromanischen mittelostdeutschen Pfeilerbasilika. Der vollständig erhaltene Bau besteht im wesentlichen aus Bruchsteinmauerwerk. Die Zierrippen, Friesen und Fenster-Portalgewände sind aus Rochlitzer Porphyr geschlagen.

Vorstellungen geprägte Bevölkerung, da sie vergleichbares noch nie zuvor erblickt hatte und ihre Ansiedlungen nach heutigen Maßstäben eher Ansammlungen von Hütten waren, vielleicht noch einschüchternder gewesen sein, als es die der gotischen Dome für spätere Generationen war.

Das Interieur romanischer Basiliken war von dem der Saalbauten auch insofern unterschieden, als sie ursprünglich durch Chorschranken, Lettner und Altäre wesentlich stärker gegliedert waren. Da der größte Teil dieser Werke entweder der Reformationszeit zum Opfer gefallen oder durch barocke Nachfolger ersetzt worden ist, lässt sich heute einzig in der Wechselburger Stiftskirche, deren Lettner 1972 rekonstruiert wurde, noch ein ungefährer Eindruck von der ursprünglichen Raumwirkung dieser Bauten gewinnen. Der größte Teil der sächsischen Basiliken schließt mit hölzernen Flachdecken. Obwohl sich

seit dem späten 12. Jahrhundert wie etwa in Wechselburg allmählich die Kreuzgratwölbung durchsetzte, wurden auch im 13. Jahrhundert noch vereinzelt Bauten wie die Pegauer Nikolaikirche mit Flachdecken ausgestattet. Der vor allem bei den ottonischen und romanischen Bauten des Harzvorlandes (Gernrode, Quedlinburg, Hildesheim, Hamersleben) als typisch »sächsisches« Merkmal verbreitete Stützenwechsel – die rhythmische Abfolge von Säule und Pfeiler – taucht bei den verbliebenen sächsischen Basiliken nicht auf; stattdessen findet man allerorten quadratische Pfeiler. Bei einigen Basiliken wie der Wechselburger Stiftskirche ist ein Stützenwechsel in Form alternierender Kapitellformen zumindest angedeutet.

Wechselburg, Stiftskirche, Triumphkreuzgruppe
Die aus Eichenholz geschnitzte Triumphkreuzgruppe über dem Wechselburger Lettner ist eine der künstlerisch bedeutendsten und ausdrucksstärksten ihrer Epoche in Deutschland. Wie bei den etwa zeitgleich entstandenen Triumphkreuzen in Freiberg und Halberstadt (Sachsen-Anhalt) wurde hier der neue Typus des sogenannten Dreinagelkreuzes verwirklicht.

Profanbauten

Die ersten unter deutscher Herrschaft errichteten Festungen wurden nach wendischer Tradition in Holzbauweise errichtet – steinerne Burgen entstanden erst seit dem 12. Jahrhundert etwa in Wurzen, Gnandstein oder Leisnig. Da diese jedoch – teils aus militärischer Notwendigkeit, teils aus dem Repräsentationsbedürfnis der Feudalherren – weit stärker von Umbaumaßnahmen betroffen waren als die frühen Sakralbauten, haben sich aus dieser Epoche nur vereinzelt Bauteile wie beispielsweise die Türme von Schloss Rochlitz und Schloss Weesenstein, die Kapelle und der Palas von Burg Gnandstein, die Martinskapelle von Schloss Mildenstein in Leisnig oder die Kapelle von Burg Kriebstein erhalten. Von der Mehrzahl der frühen Feudalsitze existieren nur noch Fundamente und Grundmauern, die in späterer Zeit als Basis für Neubauten dienten.

Die Unterscheidung von alt und neu ist daher bei mittelalterlichen Burgen nicht immer leicht. Die umfangreichsten Reste einer spätromanischen Anlage finden sich in Frauenstein im Osterzgebirge. Die im 12. und 13. Jahrhundert entstandene Burg brannte 1683 aus, gewährt aber auch als Ruine noch instruktive Einblicke. Die sächsischen Burgen befinden sich überwiegend auf Bergkämmen oder -gipfeln, meist in der Nähe von Flüssen oder Seen. Wasserburgen wie Schloss Machern oder Schloss Heynitz bilden Ausnahmen. Da die Architekten funktionellen Zwängen unterlagen und die Topographie flexible Lösungen erforderte, war das Erscheinungsbild mittelalterlicher Festungsbauten weitaus uneinheitlicher als das der Kirchen. Romanische Burgen

Frauenstein, Burgruine Der aus grobem Bruchsteinmauerwerk errichtete wuchtige Nordturm, der sogenannte Dicke Merten, der im 12. Jahrhundert entstandenen Burg Frauenstein war so massiv gebaut, dass er den fortifikatorischen Anforderungen bis zum Ende des Mittelalters genügte. Zur Ruine wurde die durch vorgelagerte Ringmauern zusätzlich gesicherte Anlage erst beim Stadtbrand von 1728.

waren, da sie bereits aus den gleichen Grundkomponenten – Ringmauern, Palas, Bergfried, Wirtschaftsgebäude u.a. – wie die gotischen bestanden, von diesen nicht prinzipiell unterschieden. Wenn man den Entwicklungen der Waffentechnik Rechnung tragend das Mauerwerk meist verstärken musste, wurde der bauliche Kern romanischer Anlagen von späteren Nutzern häufig in den Neubau übernommen. In Gnandstein ließ man sogar den alten Palas, in dem sich der romanische Rittersaal erhalten hat, neben seinem gotischen Nachfolger stehen. Burg Frauenstein blieb, da die alten Teile – wie sich an den massiven Mauern etwa des Nordturms (»Dicker Merten«) noch heute unschwer erkennen lässt – den fortifikatorischen Anforderungen bis zum Ende des Mittelalters genügten, trotz andauernder Nutzung ein weitgehend romanischer Bau.

Wohnhäuser aus romanischer Zeit haben sich in Sachsen ebenso wenig erhalten wie städtische Befestigungsanlagen, die gemäß den Erfordernissen der Militärtechnik in gotischer Zeit allerorten durch Neubauten ersetzt wurden und im 19. Jahrhundert im Zuge des mit der industriellen Revolution in Sachsen explosionsartig einsetzenden Wachstums der Städte weitgehend beseitigt wurden.

Bauschmuck

Die nördliche Grenze des heutigen Landes Sachsen markiert den südlichen Abschluss des norddeutschen Backsteingebiets. Obgleich diese Trennlinie das ganze Mittelalter hindurch relativ scharf war – die in diesem Buch behandelten Bauten bestehen von wenigen Ausnahmen abgesehen aus Naturstein –, gibt es doch einen Übergangsbereich, in dem sich die Materialien vermischen. Während in der Mark zur sächsischen Grenze hin vermehrt hausteingefertigte Segmente vor allem in den Schmuckpartien auftauchen, wurden zum Beispiel die südlich von Leipzig gelegene Kunigundenkirche Borna und einige spätgotische Kirchen vor allem in der sächsischen Niederlausitz vollständig, andere wie die Zisterzienserkirche Nossen oder die Laurentiuskirche Pegau abschnittsweise aus Backstein errichtet.

Gnandstein, Burg, Ansicht von Südwesten Die ältesten Teile der bis ins 18. Jahrhundert hinein immer wieder erneuerten und erweiterten mächtige Burganlage datieren noch ins 12. Jahrhundert. Der im Osten des Ensembles gelegene, etwa 35 Meter hohe Bergfried entstand um das Jahr 1100. Dem Betrachter zugewandt ist hier der gotische Palas aus dem 15. Jahrhundert.

Gnandstein, Burg, Palassaal Kernstück der laut Eigenwerbung »besterhaltenen romanischen Wehranlage Sachsens« ist der südlich des Bergfrieds gelegene romanische Palas. In seinem dritten Geschoss befindet sich der 1180–90 entstandene, weitgehend erhaltene Palassaal mit seinen paarweise angeordneten Kleeblatt-Rundbogenfenstern.

Wird Sachsen hinsichtlich der Zahl und Größe seiner romanischen Sakralbauten von anderen deutschen Regionen übertroffen, ist die baukünstlerische Ausstattung vor allem der späten Bauten in Qualität und stilgeschichtlicher Stellung einzigartig. Anders als bei den Gebäudeformen, die sich bis zum Ende der Epoche an tradierten Formen orientierten, vollzog sich der Übergang von der Spätromanik zur Gotik im Bereich des Bauschmucks in Sachsen so vielgestaltig wie kaum anderswo in der Mitte Europas. Die hier im frühen 13. Jahrhundert geschaffenen plastischen Bildwerke bilden gemeinsam mit den entsprechenden Schöpfungen des mitteldeutsch-böhmischen Kulturraums und der oberfränkischen Kulturmetropole Bamberg das stilistische Bindeglied zwischen der Formensprache der Romanik und der Gotik.

Sind die Portale des 12. Jahrhunderts wie das der Bad Lausicker Kilianskirche, der Geithainer Stadtkirche oder der Rochsburger Dorfkirche zumindest qualitätvoll und stilistisch auf der Höhe der Zeit, so weisen die ungleich aufwändigeren Schöpfungen des frühen 13. Jahrhunderts wie die Portale des Klosters Altzella mit seinen vegetabilen Kapitellen oder der Görlitzer Peter- und Paulskirche, in deren kunstvoll modellierten, bereits spitzbogigen Archivolten man neben abstraktem Dekor sogar realistische Darstellungen von Menschen und Tieren findet, stilistisch bereits in die kommende Epoche. Einen Höhepunkt romanischer Dekorationskunst repräsentiert die 1230 geschaffene Goldene Pforte des Freiberger Doms. Das über und über mit Statuen, Statuetten, Tier- und Pflanzendarstellungen und abstrakten Zierformen ausgestattete, ursprünglich farbig gefasste Prunkportal ist in seiner Grunddisposition zwar noch ein romanisches Werk, die Behandlung und Anordnung der Plastiken deutet aber auf eine Vertrautheit mit den seinerzeit im Bau befindlichen oder ihrer Vollendung entgegengehenden hochgotischen Kathedralen der Île-de-France, vor allem der Kathedrale von Reims. Eine halbplastisch modellierte Anbetungsszene mit der thronenden Maria im Zentrum des Tympanons wird in den Archivolten von mehr als dreißig Aposteln, Heiligen und Engeln gerahmt. In den Gewänden befinden sich acht etwas unterlebensgroße Statuen. Die Qualität der Steinmetzarbeiten wird selbst im nüchternen Dehio als »antikisch fein« bezeichnet, was freilich übertrieben erscheint. Die Figuren besitzen individuelle Physiognomien, in denen sich menschliche Regungen abzeichnen, sind in Gewänder mit kunstvoll modelliertem Faltenwurf gekleidet und zeigen nichts mehr von der starren Typisierung, die Menschendarstellungen in der christlichen Kunst bis dahin meist auszeichnete. Die einzigen in Konzeption und künstlerischer Ausführung mit der Goldenen Pforte vergleichbaren Kirchenportale, welche die deutsche Romanik hervorgebracht hat, sind die etwa zur gleichen Zeit entstandene Gnadenpforte und das Fürstenportal des Bamberger Doms, die gemeinsam mit den Bildwerken im Kircheninneren den Gipfelpunkt der fränkischen Romanik darstellen. Ein weiteres der Goldenen Pforte vergleichbares Portal findet man am Kloster Himmelspforte im mährischen Tischnowitz (Tišnov). Die Bamberger Portale stehen, da sie in den Archivolten keinen figuralen Schmuck besitzen, noch stärker in der Tradition der deutschen Romanik. In Frankreich hingegen war es schon im frühen 12. Jahrhundert üblich, das bildnerische Programm über die gesamte Portalrahmung auszubreiten, so etwa in Vezelay, Aulnay und Chartres. Das Freiberger Portal bildete eine Synthese dieser beiden Traditionen und bereitete damit eine gotische Dekorationskunst vor, die in Deutschland – von Ausnahmen abgesehen – allerdings nie richtig Fuß fassen konnte.

Die Tatsache, dass die Portale in Görlitz, Nossen und Freiberg den Abbruch bzw. den Umbau der Kirchen, zu denen sie einst den Zutritt ermöglichten, überlebten, zeigt, dass sich auch die Baumeister der Spätgotik und selbst die Abbruchunternehmen des 16. Jahrhunderts des Wertes dieser Kunstwerke bewusst waren.

Etwa zeitgleich mit der Goldenen Pforte, zwischen 1230 und 1240, entstand auch das zweite Wunderwerk der sächsischen Spätromanik: Lettner und Triumphkreuzgruppe in der Wechselburger Stiftskirche. Der einzige im heutigen Freistaat Sachsen bestehende romanische Lettner verdankt seine Existenz einer bemerkenswerten Leistung der DDR-Denkmalpflege. Wie fast alle Lettner wurde er zwar in nachmittelalterlicher Zeit – hier 1683 –

Freiberg, Dom, Goldene Pforte Die um 1230 entstandene Goldene Pforte wurde nach dem Abbruch des durch einen Brand beschädigten romanischen Vorgängerbaus an die Südseite des ab 1484 errichteten spätgotischen Neubaus verlegt. Das aus Grillenburger Sandstein geschlagene und ursprünglich farbig gestaltete Prunkportal ist das prachtvollste seiner Art in Deutschland und eines der bedeutendsten plastischen Bildwerke der Romanik überhaupt.

Freiberg, Dom, Goldene Pforte, Detailansicht Die Detailansicht des rechten Portalgewändes zeigt den künstlerischen Einfallsreichtum und die für ihre Zeit beispiellose Materialbeherrschung der Freiberger Bauschule. Die lebensnah gestaltete Menschendarstellung – hier Johannes Evangelist, David, Bathseba und Aaron –, die phantasievolle Maßwerkrahmung und die architektonische Gliederung lassen französische Einflüsse vermuten.

abgebrochen, seine konstituierenden Teile blieben jedoch größtenteils erhalten und fanden andernorts in der Kirche Aufstellung. Sein Aufbau konnte ebenso wie das ikonographische Programm an dem durch Grabungen erwiesenen ursprünglichen Standort weitgehend authentisch rekonstruiert werden. Das ganze Gebilde ist eine zweigeschossige, fünfgliedrige Schauwand mit eingelassenen rundbogigen Öffnungen, die teils als Durchgänge, teils als Nischen für die im Untergeschoss etwa lebensgroßen, im Obergeschoss etwas unterlebensgroßen Figuren fungieren. Der vor der mittleren Öffnung platzierte Kreuzaltar wird von der zum Ziborium ausgebildeten Kanzel überdacht, die über das obere Geschoss zugänglich ist. Das Ganze wird von einem reich mit Blattwerk verzierten kleeblattförmigen Bogen bekrönt, der wiederum die Triumphkreuzgruppe trägt. Im kreisförmigen Zentrum über dem Altar erkennt man Christus als Weltenrichter, umgeben von den Symbolen der vier Evangelisten. Daneben

befinden sich Maria und Johannes. Die Skulpturen in den oberen Lettnernischen stellen Daniel, David, Salomo und vermutlich Jesaja dar. Der Altar wird flankiert von Abraham und Melchisedek.

Auch der Wechselburger Lettner war ursprünglich mit kräftigen Farben bemalt und reich mit Blattgold versehen. Die Steinmetzarbeiten sind jenen des Meisters der Freiberger Goldenen Pforte ebenbürtig. Im mitteldeutschen Raum sind sonst nur die teilweise in der polychromen Originalfassung erhaltenen Figuren an den Chorschranken der Halberstädter Liebfrauenkirche vergleichbar. Angesichts der stilistischen und handwerklichen Übereinstimmungen sowie der etwa zeitgleichen Fertigstellung beider Werke geht man davon aus, dass zwischen den Bauhütten enge Verbindungen bestanden. Entsprechende Schlussfolgerungen sind auch angesichts der Gemeinsamkeiten zwischen den aus Eichenholz gefertigten Triumphkreuzgruppen beider Kirchen naheliegend. Beide gleichen einander

nicht nur in der Anordnung der Figuren, sie zeigen auch eine ähnlich realistische Formensprache, die mit der schematischen Darstellungsweise der vorausgegangenen Epoche nichts mehr gemein hat. Ihr Schöpfer verstand es mittels virtuoser Materialbeherrschung, den Figuren Leben einzuhauchen, sie mit menschlichen Zügen auszustatten, denen Schmerz und Trauer deutlich anzusehen sind. Die ursprüngliche Wirkung der Figurenensembles lässt sich, da ihre Farbfassung verloren ist, nur noch erahnen.

Ein weiteres sehr ähnliches Triumphkreuz findet man in der Liebfrauenkirche in Halberstadt. Die drei Kreuzigungsszenen waren auch insofern von entscheidender Bedeutung für den Übergang von der romanischen zur gotischen Bildhauerei, als es sich bei ihnen um die ersten sogenannten Dreinagelkreuze in Deutschland handelt – die ersten Darstellungen also, bei denen der Heiland mit nur drei Nägeln ans Kreuz geschlagen ist. Diese noch drastischere Darstellungsweise des Kreuzestodes wurde

Kohren-Sahlis, St. Gangolph, Mittelschiff nach Osten
Auch die rundbogigen Arkaden der vormaligen Basilika in St. Gangolph entstammen noch dem 13. Jahrhundert. Das grobmaschige Netzgewölbe ist eine Ergänzung des frühen 16. Jahrhunderts.

Freiberg, St. Nikolai, Westfassade
Die um die Wende vom 12. zum 13. Jahrhundert entstandene doppeltürmige Westfassade ist mit Ausnahme der barocken Obergeschosse das einzige Relikt aus romanischer Zeit. Die Kirchenschiffe wurden im 14., 15. und zuletzt im 18. Jahrhundert durchgreifend verändert.

mit dem Auftreten der Gotik verbindlich in der christlichen Kunst.

Einen Eindruck von der Wirkung farbig gefasster spätromanischer Statuen lässt sich in Sachsen heute nur noch in der Pegauer Laurentiuskirche gewinnen. Bei dem dort befindlichen halbplastisch gestalteten Grabmal Wiprechts von Groitzsch, dem einzigen Relikt aus der abgebrochenen Pegauer Benediktinerkirche, ist die Fassung im Zuge der Restaurierungsarbeiten 1869 wiederhergestellt worden. Die ebenfalls in die Zeit zwischen 1230 und 1240 datierte, aufrecht stehende Grabplatte wird angesichts ihrer hervorragenden Ausführung – in den virtuos geformten Faltenwurf des prachtvollen Gewandes ist hier zusätzlich bunter Glasschmuck eingearbeitet – dem Umkreis der Freiberger und Wechselburger Werkstätten zugeordnet.

Obwohl man annimmt, dass der Weg des Naumburger Meisters von Frankreich (Amiens?) über Metz und Mainz nach Sachsen führte, und die Umstände, die ihn bewogen, sich hier niederzulassen, im Dunkeln liegen, zeigen diese Beispiele, dass er hier auf Voraussetzungen traf, wie sie abgesehen vom fränkischen Raum in Deutschland am Ende der romanischen Epoche einzigartig waren. Die Bildwerke der Freiberger, Wechselburger und Halberstädter Bauschulen waren die künstlerische Voraussetzung für die Skulpturen des Naumburger Doms, mit denen die Gotik in Deutschland ihren Einzug hielt. Sie zeigen darüber hinaus, dass die deutsche Kunst den Anschluss an die europäische Entwicklung nicht verloren hatte, obwohl die deutschen Baumeister dieser Epoche noch fast ein Jahrhundert nach dem Baubeginn des Chors von St. Denis an den tradierten Formen festhielten. Die sächsischen Steinmetzarbeiten des frühen 13. Jahrhunderts sind denen der gleichzeitigen gotischen Kathedralen in Frankreich zumindest ebenbürtig.

Pegau, Laurentiuskirche, Grabmal des Wiprecht von Groitzsch Das Grabmal in der Seitenkapelle erinnert an die Werke der Wechselburger und der Freiberger Bauhütte. Die um 1230 entstandene Skulptur befand sich ursprünglich in der abgebrochenen Pegauer Klosterkirche. Eine Besonderheit sind die eingearbeiteten Glasperlen und Edelsteine. Die farbige Bemalung stammt von 1869 und ist der originalen Fassung nachempfunden.

Entwicklung und Blüte der Gotik

Geschichte

Für die Tatsache, dass die Epoche der hohen Gotik in Sachsen – gemessen an der Zahl der überkommenen Bauten – der unproduktivste Zeitabschnitt des Mittelalters war, sind verschiedene wirtschaftliche und politische Ursachen zu benennen. Ein gewichtiger Grund bestand darin, dass die Ressourcen an unerschlossenem Ackerland allmählich erschöpft waren und neue Zuwanderer infolge dieser Überbesiedlung auf minderwertigere Böden ausweichen mussten. Das damit einhergehende Ende der ersten Städtegründungsphase hatte einen nachlassenden Bedarf an neuen Kirchenbauten zur Folge. Hemmend wirkte sich auch der allmähliche Niedergang des Bergbaus im Erzgebirge aus – insbesondere das Versiegen der Freiberger Minen. Gleichzeitig machte sich die durch Raubrittertum und Landflucht gekennzeichnete spätmittelalterliche Agrarkrise bemerkbar, die zur Verödung ganzer Landstriche führte. Ein Übriges tat die wie überall in Deutschland um die Mitte des 14. Jahrhunderts hereinbrechende Pest.

Ein weiterer Grund für die geringe Zahl hochgotischer Kirchenbauten lag in der – verglichen mit anderen Regionen Mittel- und Ostdeutschlands – weiterhin eher unbedeutenden klösterlichen Missionstätigkeit. Während der Kirchenbau dieser Epoche etwa in Thüringen oder der Mark Brandenburg wesentlich von den Franziskanern und Dominikanern getragen und stilistisch geprägt wurde, schlug sich der Umstand, dass die Bettelorden in der Markgrafschaft Meißen eine vergleichsweise untergeordnete Rolle spielten, auch in einer allgemein geringeren Bautätigkeit nieder.

Konnte der wettinische Herrschaftsbereich durch Markgraf Heinrich den Erlauchten (reg. 1221–88) 1243 um das Pleißenland und 1247 die Landgrafschaft Thürin-

Meißen, Dom, Ansicht von Osten Der Dom zeigt sich nach Osten hin als »stilreine« hochgotische Kathedrale. Das Chorpolygon mit den reichen Maßwerkfenstern und die Allerheiligenkapelle stammen aus dem 13. Jahrhundert. Der Südostturm entstand im 14. und 15. Jahrhundert.

Meißen, Dom, Choransicht
Der 1268 vollendete dreijochige, kreuzrippengewölbte, durch einen Lettner abgeschlossene Saalchor besitzt noch Glasmalereien aus dem 13. Jahrhundert. Der möglicherweise von einem Niederländer geschaffene Hochaltar stammt aus dem 16. Jahrhundert. Die Kämpferkapitelle und Schlusssteine zeigen die vegetabilen Formen des 13. Jahrhunderts.

Meißen, Dom, Chorumgang
Ein ungeklärte, vermutlich den mehrfachen Planwechseln während der ersten Bauperiode geschuldete Besonderheit des Meißener Doms ist der schmale, in seiner Anlage singuläre Chorumgang.

Meißen, Dom, Kaiserin Adelheid und Kaiser Otto I. Die beiden um 1260 entstandenen Skulpturen an der Nordseite des Domchors zeigen die virtuos-naturalistische Formensprache der Naumburger Werkstatt.

gen erweitert werden, war das ausklingende 13. und frühe 14. Jahrhundert durch politische Krisen geprägt. Die deutschen Könige Adolf von Nassau (reg. 1290–98) und Albrecht I. von Habsburg (reg. 1298–1308) bemühten sich zwar erfolglos, die sächsisch-thüringischen Ländereien ihrer Hausmacht einzugliedern, ihre Begehrlichkeiten führten jedoch zu einer lähmenden latenten Bedrohung. Markgraf Friedrich I., der Freidige, war schließlich in der Schlacht bei Lucka (1307) gegen die Reichstruppen siegreich. Unter Karl IV. kam die Lausitz 1370 an Böhmen.

Sakralarchitektur

Der frühgotische Übergangsstil lässt sich in Sachsen außer an den seit dem letzten Drittel des 13. Jahrhunderts errichteten, überwiegend mit Gewölben und spitzbogigen Fenstern ausgestatteten Dorfkirchen auch an einigen größeren Bauten studieren. Hervorzuheben sind in diesem Zusammenhang die Franziskanerkirche (Petri-Pauli-Kirche) und die Frauenkirche in Zittau. Vor allem der gut erhaltene, um 1260 entstandene Chor der Letzteren mit seinen noch

Meißen, Dom, Mittelschiff nach Osten Der ab 1266 errichtete Meißner Dom ist einer der bedeutendsten hochgotischen Sakralbauten in Deutschland. Obwohl das Langhaus, zunächst als Basilika geplant, ab 1290 als Halle mit gleich hohen Schiffen errichtet wurde, ist die Dominanz des Mittelschiffs noch gewahrt. Die kräftigen, reich profilierten Bündelpfeiler bilden in der Hauptansicht einen undurchdringlichen optischen Paravent, der den Blick unwillkürlich zum prachtvollen Lettner und zum Chor lenkt.

rundbogigen, ungegliederten Lanzettfenstern, den weit ausladenden, vergleichsweise archaischen Kapitellen und den kräftigen Gewölberippen ist eine typische Schöpfung dieser Übergangsepoche.

Die Epoche der Gotik begann in Sachsen mit der Errichtung eines Baus, der in vielfacher Hinsicht zu einem Schlüsselwerk der deutschen Hochgotik wurde. Der ab 1266 erbaute, in majestätischer Lage auf dem Burgberg

Zittau, Petri-Pauli-Kirche, Gesamtansicht von Südwesten Obgleich erst im letzten Drittel des 13. Jahrhunderts entstanden, zählt der Chor der Petri-Pauli-Kirche noch zu den Bauten des Transitionsstils zwischen Spätromanik und Frühgotik. Charakteristisch sind die ungegliederten Lanzettfenster. Das Langhaus entstand erst im 15. Jahrhundert.

über der Elbe gelegene Meißener Dom ist der räumlich bedeutendste mittelalterliche Sakralbau des Landes. Mit ihm wurde hierzulande die Formensprache der hochgotischen französischen Kathedralen eingeführt. Dadurch und mit der Hallenform seines Langhauses stellt er eine entscheidende Weichenstellung für die Baukunst der Region dar. So stringent seine Architektur dem heutigen Besucher auch erscheinen mag, ist sie doch das Ergebnis mehrerer

Planänderungen. So war der in einem 5/8-Polygon kulminierende, wohl im 13. Jahrhundert errichtete Saalchor ursprünglich als Ostabschluss einer Basilika gedacht, und das um 1400 entstandene Prunkportal zwischen den seit 1315 erbauten Westtürmen wurde durch die Anfügung der Fürstenkapelle ab 1423 zum Innenportal. Die ursprüngliche basilikale Konzeption mit niedrigem Obergaden ist im westlichen Langhausjoch noch heute erkennbar. Das zweite Turmgeschoss mit den von außen sichtbaren Treppenspindeln entstand erst 1471–81 unter der Leitung Arnolds von Westfalen. Das stilistisch daran angelehnte Fassadenobergeschoss sowie die Turmhelme wurden 1904–09 nach Plänen von Karl Schäfer aus Karlsruhe errichtet.

Die Grundrissdisposition ist wie bei vielen hochgotischen Bauten noch vom gebundenen System der Romanik und von der Architektur der Bettelorden beeinflusst. Die Außenjoche des einschiffigen Querhauses sind ebenso wie das von einem ungewöhnlichen sechsteiligen Gewölbe überfangene erste Chorjoch in den Dimensionen des von ihnen eingerahmten Vierungsquadrats gehalten. Auch die schmalen queroblongen Langhausmittelschiffjoche sind jeweils halbierte Quadrate mit exakt doppelter Seitenschiffbreite.

Hinsichtsichtlich seines Baudekors ist der Meißener Dom ein geradezu idealtypischer hochgotischer Bau. Der Innenraum wird von einem einheitlichen Kreuzrippengewölbe überspannt, das von kräftigen, im Kern oktogonalen Bündelpfeilern mit schönen Blattwerkkapitellen, wie man sie bei den meisten zeitgenössischen Schlüsselbauten findet, getragen wird. Der scholastische Grundsatz, demzufolge jedes Teil die Struktur des Ganzen widerzuspiegeln habe, findet seinen architektonische Ausdruck in den Profilierungen der Pfeiler, deren Dienste und Laibungen in den Rippen des Gewölbes und der Arkatur fortgesetzt werden und somit en miniature den umgebenden Raumzusammenhang abbilden (Panofsky). Das Mittelschiff ist trotz seiner nur mäßigen Steilheit – das Verhältnis Höhe zu Breite beträgt etwa 2,3 : 1 – und seiner kaum als schlank zu bezeichnenden Pfeiler und Rippen völlig zur Vertikalen hin ausgerichtet. Als einziges die Horizontale betonendes Gliederungselement verstellt der etwas in das Querschiff vortretende, reich mit Steinmetzarbeiten ausgestattete Lettner den Blick in den Chor. Die Wände sind anders als

Meißen, St. Afra, Mittelschiff nach Osten Das Erscheinungsbild der ehemaligen Augustiner-Chorherren-Stiftskirche ist von der Bettelordensgotik geprägt. Die ab 1284 errichtete Basilika erhielt ihre Kreuzrippenwölbung erst gegen Ende des 14. Jahrhunderts. Das Maßwerkfenster hinter dem Hauptaltar des flach schließenden Baus ist fast der einzige Bauschmuck. Selbst die Kapitelle in der Kämpferzone sind nur stellenweise als Verstärkungen der Dienste angedeutet.

Panschwitz-Kuckau, Zisterzienserinnenkloster St. Marienstern, Klosterkirche, Ansicht von Nordwesten Einzig die spitzbogigen Maßwerkfenster verraten dem Betrachter der Westfassade, dass wir es hier nicht mit einer barocken, sondern einer hochgotischen Klosterkirche zu tun haben. Der im Kern aus dem 13. Jahrhundert stammende Bau wurde ab 1720 barockisiert.

Panschwitz-Kuckau, Zisterzienserinnenkloster St. Marienstern, Klosterkirche, Innenraum nach Osten
Die hochgotische Kirche des im Jahre 1248 gegründeten Klosters entstand vermutlich in den 1260er Jahren. Wie bei manchen Bauten im nordöstlichen Sachsen wurden die tragenden Wände und die oktogonalen Pfeiler aus Backstein gemauert. Der Raumeindruck wird bestimmt durch den Farbkontrast zwischen den weißgetünchten Wandflächen, den rot übermalten Pfeilern, Arkaden, Gurten und Rippen sowie den unbemalten Bruchsteinpartien.

Wurzen, Dom, Gesamtansicht von Südwesten
Die mächtige doppelchörige Anlage des Doms geht im Kern auf eine romanische Basilika von 1114 zurück, von der die unteren Geschosse der Türme stammen. Das Langhaus wurde in der zweiten Hälfte des 13. Jahrhunderts erneuert und erweitert. Die beiden Chorpolygone wurden zu Beginn des 16. Jahrhunderts angefügt.

bei der ersten großen gotischen Hallenkirche in Deutschland – der Marburger Elisabethkirche – nur eingeschossig gegliedert, und die Fenster besitzen schönes, jedoch etwas schematisches Maßwerk. Eine singuläre und bisher nur unzureichend gedeutete Besonderheit ist der doppelgeschossige, von innen nicht zugängliche Chorumgang.

Trotz aller Weiterentwicklung in den Details gleicht die Raumwirkung noch ganz jener in Marburg. Das überwiegend in der ersten Hälfte des 14. Jahrhunderts entstandene Langhaus des Meißener Dom ist ein klassisches Gegenbeispiel zu der These, dass die Hallenform gleichsam a priori zu einer Raumvereinheitlichung führe. Ebenso wie in Marburg verhindern auch hier die breiten, in dichter Folge gesetzten Stützen den freien Durchblick in die Seitenschiffe. Die Aufmerksamkeit des den Raum durch das Mittelportal betretenden Besuchers wird durch die Pfeilerflucht unwillkürlich zum Sanktuarium gelenkt – von einer Aufhebung der hierarchischen Dominanz des Mittelschiffs wie bei den spätgotischen Hallen der Erzgebirgsschule kann keine Rede sein.

Was mit den Skulpturen der Freiberger und Wechselburger Bauschulen begonnen hatte und in Naumburg zur Vollendung geführt worden war, wurde im Meißener Dom ins Hochgotische übersetzt und nochmals verfeinert. Bei den von der Naumburger Bauhütte geschaffenen Statuen im Chor und in der Portalvorhalle handelt es sich trotz der

Pirna, Dominikanerkirche, Innenraum
Die zu Beginn des 14. Jahrhunderts errichtete Dominikanerkirche ist eine der wenigen weitgehend erhaltenen hochgotischen Bettelordenskirchen in Sachsen. Der Saalchor, der den schmucklosen zweischiffigen Bau ursprünglich im Osten abschloss, wurde 1542 abgebrochen und durch eine flache Stirnwand ersetzt.

Einbindung in den Kontext der umgebenden Architektur um eigenständig wirkende autonome Kunstwerke. Handwerklich zählen sie zum Besten, was die Epoche hervorgebracht hat. Aus der Zeit um 1260 haben sich im Chor auf der Nordseite Kaiser Otto I. und Kaiserin Adelheid sowie auf der Südseite Johannes der Evangelist und Donatus – Lehrer des hl. Hieronymus – erhalten. Die beiden letzteren sind auch die Titelheiligen des Doms. In der achteckigen Johanneskapelle am südlichen Querhausansatz sind Maria mit dem Kind, Johannes der Täufer und ein Diakon untergebracht. Die ursprünglich für das Westportal geschaffenen und noch mit der originalen Bemalung versehenen Figuren sind mit durchschnittlich 2,10 Meter wesentlich größer als die Naumburger Skulpturen und unterscheiden sich von diesen auch durch eine lebhaftere Körper- und Gebärdensprache.

Der Meißener Dom zeichnet sich auch sonst durch seine makellose handwerkliche Ausführung aus. An Planung und Ausführung dieses Prestigebaus waren ausschließlich Künstler und Handwerker ersten Ranges beteiligt. Vom Grundriss, der trotz Berücksichtigung der Fundamente mehrerer Vorgängerbauten kaum Asymmetrien aufweist, bis hin zu bauplastischen Details wie den Pfeilerprofilen, dem Lettner, den vegetabilen Kämpferkapitellen und den gleichfalls aus Blattwerk gebildeten Schlusssteinen findet man kaum etwas, das nicht mit hoher Präzision ausgeführt ist und stilistisch auf der Höhe der Zeit steht. Dennoch blieb der Bau in Sachsen ein Unikat.

Wurzen, Dom, Mittelschiff nach Osten
Das zwischen 1260 und 1280 entstandene schlichte Langhaus zeigt die Formensprache der Hochgotik. Die Rippen besitzen schöne Blattwerkkapitelle in der Kämpferzone. Das Kreuzrippengewölbe entstand um die Mitte des 14. Jahrhunderts.

Obwohl der Meißener Dom die Formensprache der hochgotischen Kathedralen adaptiert, blieb deren architektonisches Gliederungssystem doch weitgehend ohne Einfluss auf seinen Baukörper. Der Typus der in der Île-de-France entwickelten Basilika, der die Sakralarchitektur in den hanseatischen Küstenstädten nachhaltig prägte und den man in Sachsen-Anhalt in reduzierter Form in Halberstadt und Magdeburg findet, sucht man im heutigen Freistaat Sachsen vergebens. Auch die Ostabschlüsse wurden hier seit dem Auftreten der Gotik fast ausschließlich als Säle gebaut. Einige wenige Umgangschöre entstanden erst in spätgotischer Zeit unter dem Einfluss der süddeutschen und der märkischen Stadtkirchen. Die Langhäuser wurden von wenigen Ausnahmen abgesehen fast ausschließlich in Hallenform errichtet.

Klöster

Wie in den meisten deutschen Regionen wurde auch in Sachsen Kirchenbau im ausklingenden 13. Jahrhundert in der Hauptsache noch immer von den Klöstern betrieben. Deren nun in kurzer Folge fast überall entstehende, auf den ersten Blick oft unspektakuläre Abteikirchen prägten die Architekturentwicklung nachhaltiger als die großen Dome, die stilistisch zumeist Einzelstücke blieben, wenn sie sich nicht selbst an den von den Kloster- und Pfarrkirchen geprägten Standards orientierten.

Mit dem Aufkommen der Gotik trat eine Reihe neuartiger monastischer Glaubens- und Lebensgemeinschaften

auf den Plan. Entscheidenden Einfluss auf die Entwicklung der deutschen Gotik gewannen vor allem die Bettelorden – Franziskaner und Dominikaner. Die Architektur ihrer »schmuckfeindlichen«, »reduktionsgotischen« Kirchen und Klöster stellte einen Gegenentwurf zur Formenvielfalt der französischen Rayonnant-Gotik dar und wirkte auch in Sachsen bis in die Spätgotik nach. Charakteristika dieser als Basiliken (Erfurt, Regensburg, Köln u.a.) wie auch als Hallen (Colmar, Gebweiler, Brandenburg, Prenzlau u.a.) und Säle errichteten Bauten sind der Verzicht auf ein Querschiff, die lang gestreckten umgangslosen Saalchöre, die häufig oktogonalen oder runden Querschnitte der Stützen sowie die allgemeine Reduktion der baukünstlerischen Ausstattung, die bei vielen Bauten soweit ging, dass man statt einer Wölbung wieder eine hölzerne Balkendecke einbaute.

Obwohl sich an vielen sächsischen Kirchen des 13. und 14. Jahrhunderts Elemente der Bettelordensarchitektur finden, hat sich in der Region anders als etwa in Thüringen (Prediger- und Barfüßerkirche Erfurt u.a.) oder der Mark Brandenburg (Franziskanerkirche Berlin, Dominikanerkirche Neuruppin u.a.) kein einziger voll entwickelter Bau dieses Genres erhalten. Die Franziskanerkirche Zittau ist insofern, als ihre in der zweiten Hälfte des 13. Jahrhunderts entstandenen ältesten

Pirna, Dominikanerkirche, Altar Der wohl in Thüringen angefertigte Schnitzaltar stammt nicht aus der Entstehungszeit der Kirche. Wie fast alle Schöpfungen seiner Art entstand er im frühen 16. Jahrhundert, wohl um 1510/20.

Pirna, Dominikanerkirche, Wandmalerei Eine Besonderheit sind die an einigen Stellen erhaltenen Wandmalereien aus der Zeit um 1400. Auf dieser Darstellung an der Westwand erkennt man den dem Dominikanerorden angehörenden Papst Innozenz V. Die Malereien wurden als sogenannte Seccomalereien auf den trockenen Putz aufgetragen.

Görlitz, Franziskanerkirche (Oberkirche/Dreifaltigkeitskirche), Ansicht von Nordwesten
Die bestehende Kirche des 1234 gegründeten Franziskanerklosters von Görlitz wurde in mehreren Bauphasen errichtet. Zwischen 1371 und 1381 entstanden der Chor und der eigentlich nicht der Franziskanerregel entsprechende Glockenturm. Im 15. Jahrhundert wurde das Langhaus erneuert und zu Beginn des 16. Jahrhunderts vollendet.

Görlitz, Franziskanerkirche (Oberkirche/Dreifaltigkeitskirche), Mittelschiff nach Osten
Die stilistischen Unterscheide der zweischiffigen Halle zeigen sich deutlich an den verschiedenartigen Wölbungen der einzelnen Bauteile Der Chor ist kreuzrippengewölbt, im Langhaus findet sich ein möglicherweise von Konrad Pflüger geschaffenes »parlerisches« Netzgewölbe.

Teile – die zweigeschossige Sakristei sowie der 1293 vollendete, flach schließende Chor – noch im frühgotischen Übergangsstil erbaut sind und das dreischiffige Hallenlanghaus erst im 15. Jahrhundert angefügt wurde, stilistisch mit den gotischen Prototypen kaum zu vergleichen. Die einzige vollständig im frühen 14. Jahrhundert erbaute sächsische Bettelordenskirche ist die Dominikanerkirche Pirna. Ihre Formensprache zeigt zwar in den Details wie den schlanken Achteckpfeilern ohne Kapitelle, den ungegliederten Wandflächen und dem Kreuzrippengewölbe, das seit dem Ende des 14. Jahrhunderts die ursprüngliche Holzdecke ersetzt, Elemente der Bettelordensarchitektur. Die Zweischiffigkeit weist den sechsjochigen Bau, dessen Saalchor bereits nach der Säkularisation (1542) abgebrochen wurde, jedoch als Sonderform aus. Obwohl die Franziskanerkirche Görlitz mit ihrem Saalchor und dem dreischiffigen Langhaus in der Grundform eher diesem Genre entspricht, ist der

7/12-Schluss seines 1371 begonnenen Chores zumindest ungewöhnlich – die Sanktuarien fast aller Bettelordenskirchen schließen in fünf Seiten des Achtecks –, und das netzgewölbte Langhaus entstand erst um die Wende vom 15. zum 16. Jahrhundert. Manche Bettelordenskirchen wie die Franziskanerkirchen in Freiberg und Bautzen existieren seit der Säkularisierung der Klöster im 16. Jahrhundert nur noch als Ruinen. Andere wie die Franziskanerkirche Kamenz oder das Langhaus der Franziskanerkirche Görlitz wurden erst in spätgotischer Zeit errichtet oder umfassend verändert.

Die Reformorden traten auch im 13. und 14. Jahrhundert in Sachsen baulich wenig in Erscheinung. Gleichwohl entstanden in Ostritz und Panschwitz-Kuckau zwei bedeutende Zisterzienser-Nonnenklöster: St. Marienthal und St. Marienstern. Von ihnen konnte zumindest das in der zweiten Hälfte des 13. Jahrhundert entstandene Kloster in Panschwitz-Kuckau sein mittelalterliches Erschei-

Görlitz, Franziskanerkirche (Oberkirche/Dreifaltigkeitskirche), Altar der Barbarakapelle
Der reich vergoldete dreiflügelige Schnitzaltar der Oberkirche ist eine typische Schöpfung des frühen 16. Jahrhunderts. Maria mit dem Kind ist umgeben von Szenen aus dem Marienleben.

Görlitz, Franziskanerkirche (Oberkirche/Dreifaltigkeitskirche), Grablegungsgruppe
Eines der bedeutendsten Bildwerke der Kirche ist die ab 1492 von Hans Ohlmützer geschaffene ausdrucksvolle Grablegungsgruppe aus Sandstein in der Barbarakapelle.

nungsbild weitgehend bewahren. Hinter der eindrucksvollen Barockfassade von 1720/21 befindet sich eine siebenjochige, gerade geschlossene, kreuzrippengewölbte Backsteinhalle. Die zum Kreuzgang hin geöffnete untere Hälfte des südlichen Seitenschiffes ist vom übrigen Kirchenraum durch eine Zwischenwand getrennt. Hinter ihr ist auch ein Laufgang verborgen, der zu der über den westlichen Mittelschiffjochen gelegenen Nonnenempore führt. Wie bei vielen Backsteinbauten im Grenzbereich zwischen Sachsen und dem heutigen Brandenburg verwendete man vor allem für die Maßwerkfenster bereits Werksteinsegmente. Da der Bauschmuck der Klosterkirche abgesehen von den Fenstern auf ein Minimum reduziert ist, ist sie stilistisch eher von der Bettelordensarchitektur als von den vergleichsweise prachtvollen Zisterzienserkirchen des norddeutschen Backsteingebiets beeinflusst, wie man sie in Chorin, Bad Doberan oder Pelplin (Hinterpommern, heute Polen) findet. Auch die ungegliederten Oktogonpfeiler sind ein typisches Element süddeutscher Dominikaner- und Franziskanerkirchen, das in die Sakralarchitektur des

norddeutschen Backsteingebiets erst um die Mitte des 14. Jahrhunderts Eingang fand. Neben der Kirche haben sich vom Panschwitzer Kloster unter anderem der Kreuzgang, die Kreuzkapelle und der Kapitelsaal erhalten.

Während die Dominikaner und die Franziskaner ebenso wie die Zisterzienser in Sachsen in gotischer Zeit nicht in dem Maße hervortraten wie in den meisten Nachbarregionen, wurden hier wie schon in der vorausgegangenen Epoche einige bedeutende Bauten von Orden errichtet, die in den angrenzenden Gebieten nicht oder kaum vertreten waren. Bedeutende Beispiele dafür sind die Kirche der Augustiner-Chorherren St. Afra in Meißen und St. Thomas in Leipzig sowie das Cölestinerkloster in Oybin. Bei der im Wesentlichen zu Beginn des 14. Jahrhunderts entstandenen Kirche St. Afra in Meißen handelt es sich um die einzige größere gotische Basilika in Sachsen. Ihr ungewöhnlich schlichter Bau ist jedoch weniger durch kathedralgotische Vorbilder als vielmehr wiederum durch die Bettelordensgotik geprägt und weist stilistisch keinerlei Beziehung zum fünfhundert Meter entfernten Dom auf. Die Affinität zu

Bauten der Franziskaner zeigt sich unter anderem in den nicht profilierten Oberflächen der rechteckigen Pfeilern, den groben aufgemauerten Diensten, den kahlen Wandflächen und den ungegliederten Arkadenlaibungen. Der im Osten flach schließende Bau präsentierte sich mit einer Holzdecke ursprünglich noch schmuckloser als heute. Das bestehende Gewölbes mit seinen schmalen, kämpferlos an den Pfeilern ansetzenden Rippen ist ein Werk des 15. Jahrhunderts. Die durch die Quaderimitation der Pfeiler, Gurte und Rippen, die die Schlusssteine rahmenden vegetabilen Formenspiele und die weißen Wandflächen und Gewölbekappen gekennzeichnete Ausmalung der Kirche ist wohl erst um 1470, also vermutlich zusammen mit der Langhauswölbung entstanden (Magirius).

Ein Bau ganz anderer Provenienz ist die nur als Ruine erhaltene Klosterkirche Oybin. In unmittelbarer Nachbarschaft zu einer ab 1316 errichteten Burg auf dem Berg Oybin erbauten die Cölestiner, ein den Benediktinern verwandter Orden, 1365–84 eine Kirche, die sich künstlerisch von der sonst überwiegend schmuckfeindlichen sächsischen Sakralarchitektur jener Zeit deutlich abhob. Der an einen felsigen Steilhang gebaute einschiffige Bau besteht aus einem dreijochigen Langhaus und einem mit einem 5/8-Polygon schließenden zweijochigen Chor. Während die Südwand direkt aus dem Fels herauswächst, musste zur Stützung der Nordseite eine zweigeschossige Galerie angebaut werden, deren unter dem Fußbodenniveau des Kirchenschiffs befindliches Untergeschoss als Kreuzgang und deren Obergeschoss als Chorrandkapelle diente. Man nimmt an, dass der heute offen stehende Bau ursprünglich eine Kreuzrippenwölbung besaß. Da die Abtei seit 1346 der böhmischen Krone unterstand, ist sie stilistisch auch weniger der sächsischen als der böhmisch-parlerschen Tradition verpflichtet. Das zeigt sich sowohl an der schlanken Proportionierung des Kirchenschiffs als auch an den Formen des erhaltenen Maßwerks. Anhand einiger auch am Prager Dom auftretender Steinmetzzeichen ließ sich diese Beziehung belegen. So bedauerlich es ist, dass die Oybiner Kirche durch einen Brand 1577, einen Bergsturz 1681 und die nachfolgende Nutzung als Steinbruch zerstört wurde, verdanken wir es diesen Umständen, dass der in eine eindrucksvolle Naturszenerie eingebettete Bau zu einem Prototyp romantisch-gotischer Kirchenruinen werden konnte, als solcher von den Künstlern des 19. Jahrhundert wieder entdeckt wurde und Caspar David Friedrich zu mehreren Gemälden inspirierte. Im Umfeld des Klosters haben sich Relikte der ebenfalls zerstörten Burg erhalten. Zu erwähnen sind neben zahlreichen Mauerresten unter anderem zwei Tortürme sowie ein unter Karl IV. errichteter Rechteckbau. Profanbauten aus dieser Epoche sind sonst eher noch spärlicher erhalten als aus romanischer Zeit. Bei den wenigen verbliebenen Festungsanlagen wie etwa Schloss Heynitz lassen sich die hochgotischen Teile unter den späteren Überbauungen kaum mehr ausmachen.

Pfarrkirchen

Um die Mitte des 14. Jahrhunderts setzte in Sachsen der Bau von Stadtpfarrkirchen verstärkt wieder ein. Der Kirchenbau wurde durch die andauernde Schwäche des Königtums und den nachlassenden Missionseifer der Orden zunehmend zu einer Angelegenheit des wohlhabenden Stadtbürgertums. Von den zunächst noch wenigen sächsischen Stadtkirchen seien hier die ab 1333 als Basilika errichtete und im 15. Jahrhundert fast vollständig erneuerte Nikolaikirche Döbeln, die Chöre der Nikolai- (Mitte 14. Jh.) und der Thomaskirche (1355) in Leipzig sowie die Jakobikirche in Chemnitz, deren gotischer Neubau ins Jahr 1365 datiert, erwähnt. Während es sich bei den Kirchen in Döbeln und Leipzig um räumlich eher bescheidene und künstlerisch konservative Bauten handelt, deutet sich bei dem im Krieg bis auf die Umfassungsmauern zerstörten Langhaus der Jakobikirche Chemnitz bereits die Spätgotik an. Der weitläufige Hallenraum, dessen zerstörtes Gewölbe bereits von Oktogonpfeilern getragen wurde, atmete schon etwas von der Offenheit der spätgotischen Hallen, obwohl sein Mittelschiff noch von schmaleren Seitenschiffen flankiert wird.

Borna, Katharinenkirche, Choransicht
Die ab 1411 erbaute Katharinenkirche steht auf den Fundamenten eines romanischen Vorgängerbaus. Der schlichte Saalchor der dreischiffigen, vierjochigen Halle besitzt insofern eine ungewöhnliche Konstruktion, als sein Polygon in drei Seiten des Sechsecks schließt.

Zwar entstanden auch im heutigen Sachsen-Anhalt in dieser Epoche einige größere Stadtpfarrkirchen wie die Martinikirche in Halberstadt oder die Stephanskirche in Tangermünde, doch wurde die Sakralarchitektur hier noch maßgeblich von den Domen in Naumburg, Magdeburg und Halberstadt geprägt. Der relative Entwicklungsrückstand Sachsens offenbart sich, wenn man den Bestand an Bauten dieses Genres mit dem der Nachbarländer vergleicht. Auf dem Gebiet des heutigen Bundeslandes Thüringen entstanden im späten 13. und frühen 14. Jahrhundert immerhin Großbauten wie die Erfurter Severikirche oder die Mühlhausener Blasiuskirche, und in Böhmen setzte unter Karl IV. im zweiten Drittel des 14. Jahrhunderts ein bis zum Ende des Mittelalters anhaltender Bauboom ein. Selbst in der häufig als karg und schmuckfeindlich verschrienen Mark Brandenburg errichtete sich das städtische Bürgertum eine Vielzahl stattlicher und künstlerisch zum Teil anspruchsvoller Pfarrkirchen wie die Marienkirchen in Prenzlau, Berlin, Gransee und Herzberg.

Oybin, Ruine der Klosterkirche, Mittelschiff

Das einst prachtvolle, in großartiger landschaftlicher Lage im Auftrag Kaiser Karls IV. von der Präger Dombauhütte in den Jahren 1365–84 erbaute Cölestinerkloster wurde nach einem Brand und einem Bergsturz 1681 aufgegeben. Die romantischen Ruinen auf einem Felsen oberhalb des Kurortes Oybin haben im 19. Jahrhundert neben anderen Caspar David Friedrich inspiriert. Der Saal zeigte die steilen Proportionen und das reiche Dekor der Parlerschule.

Ausklang des Mittelalters

Geschichte

Obwohl die seit der zweiten Hälfte des 14. Jahrhunderts geschaffene Architektur üblicherweise als spätgotisch bezeichnet wird, zeigt die Tatsache, dass ein großer Teil der hier behandelten Bauten oder zumindest deren konstituierende Teile erst im 16. Jahrhundert errichtet wurden, dass dieser Terminus zur Beschreibung der sächsischen Baukunst des ausklingenden Mittelalters kaum ausreicht. In keiner anderen deutschen Kulturlandschaft gestaltete sich der stilistische Übergang von der Gotik zur Renaissance so facettenreich und vergleichsweise bruchlos wie in Sachsen.

Es war vor allem das in der zweiten Hälfte des 15. Jahrhunderts erfolgende Wiederaufleben des Silberbergbaus, dem das Land seinen Aufstieg zur wirtschaftlich und kulturell führenden Region des Reiches verdankte. Die seit der ersten Hälfte des 15. Jahrhunderts errichteten Großbauten belegen jedoch, dass der Konsolidierungsprozess bereits vor dem großen obersächsischen »Berggeschrey« eingesetzt hatte. Ursächlich dafür war in gewissem Sinne die vorausgegangene Krise selbst. Die durch Überbevölkerung, Raubrittertum und Pest ausgelöste Landflucht hatte das Wachstum und die Entwicklung der Städte begünstigt. Der Landadel bemächtigte sich der brachliegenden Flächen, machte die freie Bauernschaft zu besitzlosen Landarbeitern und konnte so als Großgrundbesitzer effektivere Wirtschaftsstrukturen aufbauen. In den Städten gediehen Handwerk und Handel. Die sächsischen Tuchmacher begannen frühzeitig Stoffe in Massenware zu produzieren, und die seit dem späten 13. Jahrhundert bestehende Leipziger Messe gewann rasch an Bedeutung. In Leipzig wurde 1409 eine der ersten deutschen Universitäten gegründet. Die Einführung frühkapitalistischer Produktionsmethoden bewirkte die allmähliche Auflösung des mittelalterlichen Zunftwesens und eine Differenzierung

Leisnig, St. Matthäus, Choransicht Die dreischiffige Hallenkirche wurde ab 1484 von Ulrich Halbritter errichtet. Der 5/10-Chorabschluss ist typisch für die Entstehungszeit, in der man viel mit unterschiedlichen Varianten des polygonalen Saalchors experimentierte.

Leisnig, St. Matthäus, Inneres
Das weiträumige Langhaus wird von gekehlten Oktogonpfeilern getragen und schließt mit zeittypischen Sterngewölben.

des städtischen Bürgertums in einfache, schlecht bezahlte Handwerker und wohlhabende Händler (Patrizier). Da sich die sächsischen Städte nicht abschotteten und zu Bündnissen zusammenschlossen oder der Hanse beitraten, waren sie ein geeignetes Aktionsfeld für die süddeutschen Handelsimperien der Fugger, Welser und anderer, die hier entsprechend bereitwillig investierten.

Das infolge der konsolidierten wirtschaftlichen Situation angesammelte Kapital war zugleich eine Voraussetzung für die Entwicklung des Bergbaus. Viele Minen waren im 14. Jahrhundert weniger deswegen aufgegeben worden, weil sie erschöpft waren, als vielmehr wegen unzureichender Förderungstechnik, welche die weitere Ausbeutung unrentabel erscheinen ließ. Der neuerliche Aufschwung des Silberbergbaus beruhte daher nur zum Teil auf spektakulären neuen Funden – häufig wurden die altbekannten Erzgänge mit verbesserter Technik und Organisation neu erschlossen. Im Gefolge des einsetzenden Bergbaubooms ergoss sich erneut ein Zustrom von Siedlern in das Erzgebirgsvorland, und nach längerer Unterbrechung kam es wieder zu einer Reihe von Städteneugründungen wie Schneeberg (1471), Annaberg (1492), Marienberg (1521) und Oberwiesenthal (1527).

Das Land der Wettiner wurde im späten 14. und im 15. Jahrhundert aufgrund von Erbstreitigkeiten mehrfach geteilt. Waren die Teilungen von 1382 und 1482 nur vorübergehender Natur, blieb die von den Söhnen Kurfürst Friedrichs II., Ernst und Albrecht, im Jahre 1485 vorgenommene Leipziger Teilung bis ins 20. Jahrhundert hinein wirksam. Während der ernestinische Landesteil vor allem die Landgrafschaft Thüringen und große Teile des heutigen Landes Sachsen-Anhalt umfasste, bildete die Markgraf-

Torgau, St. Marien, Ansicht von Südosten
Die Torgauer Marienkirche entstand zwischen 1390 und 1450. Die mächtige dreischiffige Halle ist eine der größten sächsischen Stadtpfarrkirchen des frühen 15. Jahrhunderts. Von dem romanischen Vorgängerbau sind nur die Turmuntergeschosse aus dem frühen 13. Jahrhundert erhalten. Der Südturm erhielt um 1750 einen barocken Aufsatz.

schaft Meißen das Herzstück des albertinischen, fortan als Herzogtum Sachsen bezeichneten Landesteils, das den geographischen Rahmen dieser Betrachtungen bildet. Residenzhauptstadt der Albertiner war seit 1485 Dresden. Da im albertinischen Landesteil die Primogenitur eingeführt wurde, kam es hier zu keinen weiteren dynastischen Teilungen. Die Lausitz gehörte seit 1370 zur böhmischen Krone und kam erst im Gefolge des Dreißigjährigen Krieges im 17. Jahrhundert wieder an Sachsen. Bereits im Jahre 1423 war Markgraf Friedrich IV. als Gegenleistung für seine Unterstützung in den Hussitenkriegen, die zeitweise auch auf Sachsen übergegriffen hatten, von Kaiser Sigismund die Kurwürde übertragen worden. Da der Titel mit dem Herzogtum Sachsen-Wittenberg verbunden war, das nach der Leipziger Teilung zum ernestinischen Gebiet gehörte, war Streit zwischen den beiden Landesteilen vorprogrammiert. Dieser kam jedoch erst im 16. Jahrhundert vollends zum Ausbruch, als der albertinische Herzog Moritz im Schmalkaldischen Krieg auf Seiten Kaiser Karls V. gegen seinen Cousin, den ernestinischen Kurfürsten Johann Friedrich – Anführer des Schmalkaldischen Bundes – Partei ergriff. Dafür wurde er 1548 nach der Schlacht von Mühlberg mit dem Kurkreis Wittenberg belehnt und mit der Kurwürde ausgestattet. Die Albertiner konnten sich fortan bis zum Ende des Ersten Weltkrieges Kurfürsten von Sachsen nennen. Ungeachtet der politischen Umwälzungen war Sachsen am Ende des Mittelalters, begünstigt durch Handel und Bodenschätze, eine der prosperierendsten Regionen des Reichs, ausgestattet mit einer fortschrittlichen Verwaltungen. Die sächsischen Kurfürsten waren die ersten in Deutschland, die daran gingen, in ihrem Machtbereich quasi absolutistische Verhältnisse herzustellen. Es

Torgau, St. Marien, Choransicht In der Ostansicht wird die triapsidiale Konstruktion mit dem um zwei Joche verlängerten Chor erkennbar. Das hoch aufragende Satteldach dominiert zusammen mit Schloss Hartenfels die Silhouette der Stadt.

gelang ihnen, das Raubritterunwesen zu beseitigen und die Landadligen zu abhängigen Höflingen zu degradieren. Sie waren daher auch die ersten deutschen Fürsten, die sich großzügige Residenzen errichten ließen. Die Meißener Albrechtsburg und das Torgauer Schloss Hartenfels waren die ersten Schlösser im Reich.

Die Einführung der Reformation gestaltete sich vor allem aufgrund der skizzierten politischen Rahmenbedingungen in Sachsen kompliziert und langwierig. Während Luther im ernestinischen Landesteil vor allem durch Kur-

fürst Friedrich III., den Weisen (reg. 1486–1525), der für seinen Glauben sogar seine Anwartschaft auf den deutschen Königsthron aufgab, aber auch durch dessen Nachfolger Johann I., den Beständigen (reg. 1525–32), jede denkbare Unterstützung erhielt, verhinderte der streng katholische albertinische Herzog Georg der Bärtige (reg. 1500–39) bis zu seinem Tod erfolgreich das Vordringen der Reformation in seinen Machtbereich. Im Gegensatz zum Kurfürstentum Sachsen, das schon bei Luthers und Melanchthons Kirchenvisitation von 1530 nahezu vollständig zum neuen

Torgau, St. Marien, Mittelschiff nach Osten Trotz der »modernen« Grundrissdisposition mit nahezu quadratischen Jochen und etwa gleich breiten Schiffen ist die Formensprache konservativ. Mit Ausnahme des Chors und eines Mittelschiffjochs ist der Raum noch kreuzrippengewölbt.

Torgau, St. Marien, Gewölbeansicht Die Gewölbeansicht zeigt, dass die verschiedenen Raumabschnitte durch kräftige Gurtbögen und Arkaden klar voneinander geschieden sind.

Glauben übergegangen war, setzte diese Entwicklung im Herzogtum Sachsen erst später ein. Heinrich der Fromme (reg. 1539–41), Bruder und Nachfolger Herzog Georgs, nahm 1539 Kontakt zu Luther auf, um unter dessen Mitwirkung gleichfalls die Reformation einzuführen. Da dieser Prozess im Laufe der 1540er Jahre weitgehend abgeschlossen war und auch der seit 1541 regierende Herzog Moritz ein Anhänger der lutherischen Lehre war, war dessen Intervention zugunsten der katholischen Liga als rein taktischer Schachzug. Die Parteinahme für Kaiser Karl V. war auch nur vorübergehender Natur. Sie hielt den »Judas von Meißen« nicht davon ab, sich 1552 an die Spitze der Norddeutschen Fürstenverschwörung zu stellen und militärisch mit Erfolg gegen den Kaiser und seine katholischen Bundesgenossen vorzugehen. Karl V. zog sich anschließend nach Spanien zurück und bereute bis zu seinem Ende, dass er Luther auf dem Wormser Reichstag nicht der Inquisition übergeben hatte.

Unberührt von diesen politischen und gesellschaftlichen Verwerfungen schufen die sächsischen Architekten bis tief ins 16. Jahrhundert hinein weiterhin aufwändige Sakral- und Profanbauten. Einer der letzten gotischen Kirchenbauten in Sachsen, der den Kirchenbau bis weit in die Renaissance nachhaltig beeinflusste, die Torgauer Schlosskirche, wurde am 5. Oktober 1544 von Martin Luther eingeweiht und war damit zugleich der erste bedeutende protestantische Sakralbau des Landes.

Vor allem dem im späten 15. Jahrhundert neuerlich über Sachsen hereinbrechenden Wohlstand war es zweifellos zu danken, dass die Sakralarchitektur an der Schwelle zur Neuzeit, als sich in Mitteleuropa allerorten »Stilermüdung« bemerkbar machte und die Aktivitäten auf den meisten Großbaustellen zum Erliegen kamen, neue Impulse erhielt. Der durch explosionsartiges Bevölkerungswachstum entstandene Bedarf nach neuen oder größeren Predigträumen konnte durch die im gleichen Maße wachsende ökonomische Leistungsfähigkeit innerhalb kurzer Zeit befriedigt werden. Der in der sächsischen Geschichte bis dato beispiellose Bauboom beschränkte sich daher nicht auf die neu gegründeten Bergbaumetropolen, sondern erfasste auch ältere Städte wie Zwickau und Leipzig, die an dem Reichtum partizipierten.

Torgau, St. Marien, Grabstein der Katharina von Bora Künstlerisch und historisch interessant ist das in der Disposition noch spätgotische, jedoch bereits von der Formensprache der Renaissance geprägte Epitaph der Witwe Martin Luthers aus dem Jahre 1552. Katharina von Bora, die den Epochenwechsel gleichsam verkörpert, verunglückte auf dem Weg nach Torgau bei einem Kutschenunfall tödlich.

Gerstenbergs These einer deutschen »Sondergotik«

War der Kirchenbau bis ins mittlere 14. Jahrhundert hinein in Sachsen noch überwiegend eine Angelegenheit der Klöster gewesen, so trat nun die Entwicklung in den Vordergrund, die sich in der zweiten Hälfte des Jahrhunderts bereits angedeutet hatte. Als Auftraggeber und Finanzier von Sakralbauten trat im 15. Jahrhundert

Kamenz, St. Marien, Ansicht von Südwesten Die Heterogenität des Baukörpers lässt sich in dieser Ansicht erkennen. Mit dem Bau des Saalchors wurde um 1400 begonnen – das Langhaus entstand in der zweiten Hälfte des 15. Jahrhunderts. Eine Besonderheit der auf dem höchsten Punkt der Stadt errichteten Kirche ist die Tatsache, dass sie großenteils aus Granit errichtet wurde.

Kamenz, St. Marien, Gewölbeansicht Die Formensprache des Langhauses ist wie in Torgau und Leisnig konservativ. Die Wölbung ähnelt der mancher märkischer Stadtkirchen. Die sich frei aus den Pfeilern entwickelnden Gewölbeansätze finden sich ähnlich auch an den obersächsischen Hallen.

fast ausschließlich das städtische Patriziat auf. Die Bettelorden errichteten zwar noch einige Neubauten wie die Meißener (1447–57), die Kamenzer (ab 1493) und die Görlitzer Franziskanerkirche (Anfang 16. Jh.), sie lieferten jedoch keine neuen schulbildenden Entwürfe mehr, sondern orientierten sich an den stilistischen Vorgaben der bürgerlichen Pfarrkirchen der Spätgotik. Diese »Verbürgerlichung« der Sakralarchitektur hatte Konsequenzen sowohl für die Kirchen als auch für ihre Erbauer. Erstmals finden sich in den Quellen Namen von Architekten. Die Baumeister begannen in der Spätgotik aus der Anonymität herauszutreten und wurden teilweise zu gut bezahlten Spezialisten. Persönlichkeiten wie Arnold von Westfalen, Jacob Heilmann von Schweinfurt oder Konrad Pflüger, die an fast allen wichtigen Bauprojekten der Epoche gleichzeitig beschäftigt waren, wurden gar zu dem, was man heute als Stararchitekt bezeichnen würde.

Durch den Wechsel der Bauträger erfuhr die Sakralarchitektur dieser Epoche allmählich einen Funktionswandel. Die Kirchen wurden zu allgemein zugänglichen Predigträumen, in denen keine räumliche Trennung zwischen Klerus und Laien mehr stattfand. Die Chöre benötigten kein raumgreifendes Chorgestühl mehr und begannen sich allmählich zu verkleinern und wurden gleichzeitig

Kamenz, St. Marien, Inneres nach Osten Das vierschiffige Langhaus ist von eindrucksvoller Weite. Die Asymmetrie des Grundrisses lässt einen Planwechsel während der Bauarbeiten vermuten. Für diese Annahme gibt es jedoch keine Belege.

auch vielgestaltiger. Die Kirchenschiffe wurden weiträumiger und offener. Die Joche vergrößerten und die Pfeilerquerschnitte verjüngten sich. Lettner wurden überflüssig und verschwanden völlig aus den Kirchenschiffen. Die Langhäuser wurden fast ausnahmslos als Hallen erbaut. Querschiffe sucht man in der spätgotischen deutschen Sakralarchitektur vergebens.

Mit diesen Entwicklungen ging ein allmählicher Verlust des tradierten Symbolgehalts der Architekturelemente einher. Die einzelnen Komponenten des Sakralbaus, denen Liturgie und Scholastik im nachgeschaffenen Himmlischen Jerusalem einen genau definierten ikonographischen Kontext zugewiesen hatten, wurden für die neue Architektengeneration nun als Schmuckformen mehr oder weniger frei verfügbar. Nikolaus Zaske beschrieb dieses Phänomen am Beispiel der spätgotischen Backsteinkirchen als »Profanisierung der Sakralarchitektur«. Obwohl solche Interpretationsansätze manche Erscheinungen bis zu einem gewissen Grad zu erklären vermögen, entziehen sich stilistisch-ästhetische Phänomene wie die Entwicklung der figurierten, raumübergreifenden Gewölbe, die Tendenz zur Betonung der Horizontalen oder die Einebnung des diaphanen gotischen Wandgefüges doch einer rein funktionellen Deutung.

Einige der interessantesten, bis heute umstrittenen Überlegungen zur deutschen Spätgotik finden sich in dem 1913 veröffentlichten Buch »Deutsche Sondergotik« des aus Chemnitz gebürtigen Kunsthistorikers Kurt Gerstenberg (1886–1968). Da das Werk ungeachtet aller Anfeindungen unser Bild von diesem Kapitel der Architekturgeschichte nachhaltiger geprägt hat als alles, was sonst dazu geschrieben wurde, und auch Gegner der Thesen Gerstenbergs kaum umhin können, sich punktuell des von ihm geprägten Vokabulars zu bedienen, seien einige seiner grundlegenden Gedanken hier skizziert.

Den Ausgangspunkt der »Untersuchung über das Wesen der deutschen Baukunst im späten Mittelalter« bildete die Absicht, den Nachweis zu führen, dass es sich bei der deutschen Spätgotik keinesfalls – wie vielfach behauptet – um eine reduzierte oder gar degenerierte Spielart der französischen Gotik handelte, sondern dass die deutschen Baumeister dem originär französischen Stil etwas Eigenständiges und Gleichwertiges entgegengesetzt haben. Die Grundaussage Gerstenbergs lautet, dass sich die deutsche Gotik im Laufe ihrer Entwicklung mehr oder weniger bewusst immer weiter von den Gestaltungsprinzipien der französischen Gotik entfernt und sich einem relativ klar umrissenen, der nationalen Ausdrucksform seiner Schöpfer gemäßen Prototyp angenähert habe, den man dank der günstigen wirtschaftlichen Rahmenbedingungen am häufigsten und »reinsten« im obersächsischen Bergbaugebiet realisiert findet.

Am Beispiel einer Reihe schulbildender Bauten, als deren wichtigste hier in zeitlicher Folge das Heiligkreuz-

Kamenz, St. Marien, Taufe Die Hauptpfarrkirche der wohlhabenden Bürgerstadt verfügt über eine reiche Ausstattung aus gotischer und nachmittelalterlicher Zeit. Eines der ältesten – es befand sich wohl bereits in einem nicht dokumentierten Vorgängerbau – entgegen der aufgebrachten Datierung – aus dem 14. Jahrhundert stammende Granittaufbecken.

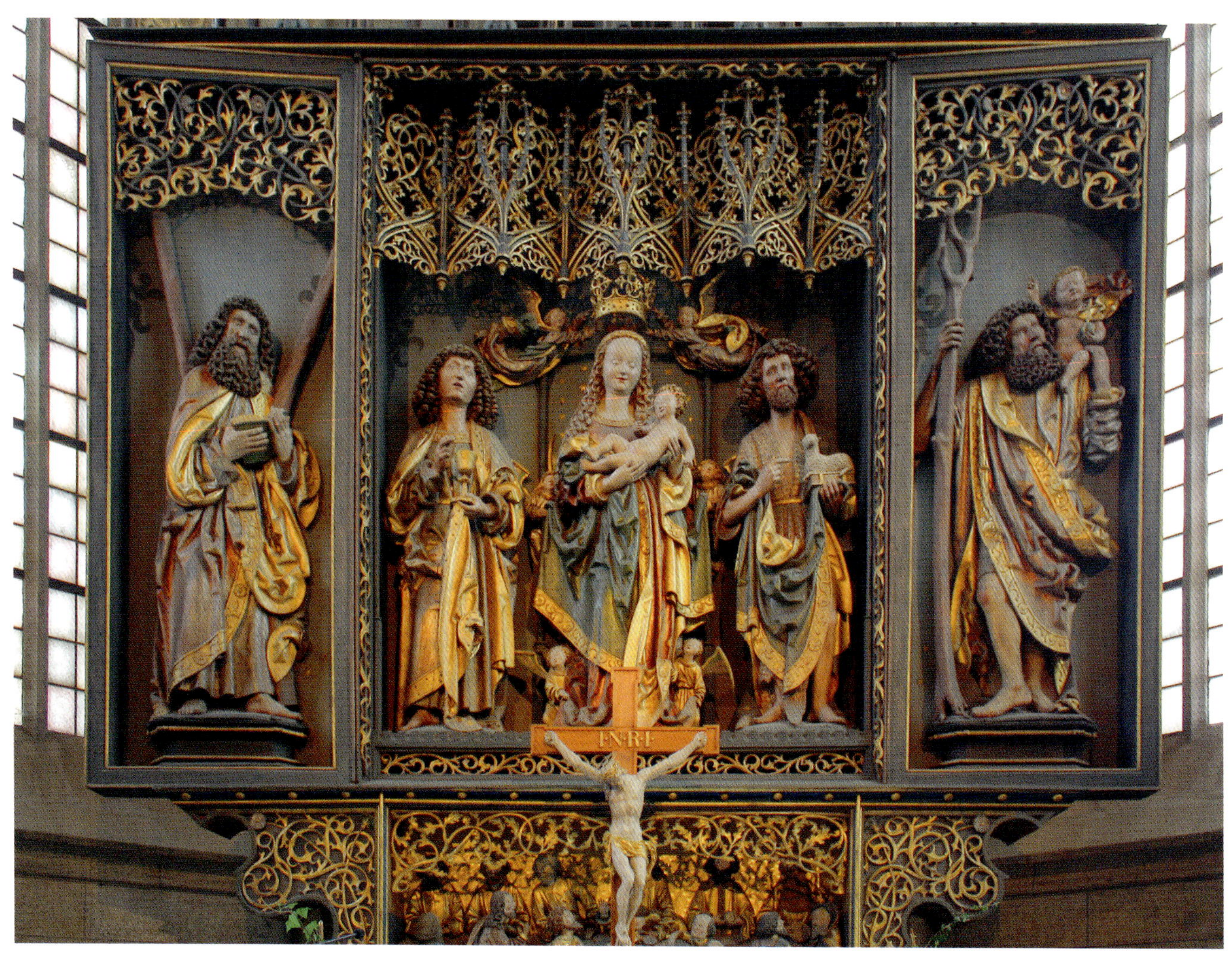

Kamenz, Marienkirche, Hauptaltar Der um 1520 von einem unbekannten Meister geschaffene dreiflügelige Hauptaltar ist außergewöhnlich reich gestaltet. Im Zentrum Maria mit dem Kind, flankiert von Johannes dem Täufer und Johannes dem Evangelisten. Auf den Seitenflügeln sind die hll. Andreas und Christophorus dargestellt.

münster in Schwäbisch Gmünd, die Landshuter Martinskirche, die Nürnberger Lorenzkirche, die Amberger Martinskirche und schließlich die obersächsischen Hallen wie der Freiberger Dom, die Annaberger Annenkirche sowie die Schneeberger Wolfgangkirche genannt seien, skizzierte Gerstenberg die Entwicklungstendenzen, die aus seiner Sicht die deutsche Baukunst der Epoche kennzeichnen. Da diese letztlich in einer völligen Negierung –

»Überwindung« – der Gestaltungsprinzipien der französischen Kathedralgotik und in mancher Hinsicht gar in einem »Wiederaufleben des Romanismus« bestehen, hielt Gerstenberg es für angezeigt, für die spätmittelalterliche Baukunst des deutschen Kulturraums mit dem Begriff »Sondergotik« einen neuen stilgeschichtlichen Terminus zu prägen.

Kamenz, Friedhofskapelle St. Just, Innenraum Am Rande des Friedhofs im Nordwesten der Altstadt findet sich dieser schlichte Saalbau mit einem 5/8-Chor, der urkundlich ab 1377 errichtet wurde und in seiner Schlichtheit hier repräsentativ für die Bauten dieses Genres stehen soll. 1935 wurden gotische Gewölbemalereien entdeckt.

Die grundlegenden Besonderheiten der deutschen Spätgotik waren laut Gerstenberg:

- Eine Verminderung des »Tiefendrangs« und allgemeine »Bewegungsverlangsamung« des Kirchenraumes infolge der »Ausschaltung« des Querschiffs sowie eine Weitung der Pfeilerabstände, die in letzter Konsequenz (Schneeberg, Plauen) zu quadratischen Jochen führte.
- Der Vertikalbewegung der Rayonnant-Gotik wurde durch die Einführung von die Horizontale betonenden Elementen wie Galerien, Emporen, Gesimsen und zweigeschossigen Fensterreihen entgegengewirkt. Die Kirchenschiffe wuchsen in die Breite, die Raumhöhe verringerte sich. Die Wimperge verschwanden, und die Spitzbögen näherten sich dem Rund- und dem Korbbogen an. In Amberg und Nürnberg umlief die Empore erstmals sogar den Chor.
- Die Seitenschiffe verbreiterten sich im Verhältnis zum Mittelschiff, und wurden diesem in letzter Konsequenz – so in Schneeberg – vollkommen angeglichen.
- An die Stelle der starr zum Sanktuarium ausgerichteten Orientierung gotischer Kirchenräume trat in der »Sondergotik« eine allgemeine »Richtungslosigkeit«, die ihren Ausdruck zunächst in den Rund-, in Obersachsen schließlich in den konkav gebuchteten und zunehmend schlanker werdenden Oktogonpfeilern fand. Die Hauptportale wurden zwecks Verlagerung des Blickpunktes von der Westfassade an die Seitenschiffwand verlegt. Der sondergotische Raum entwickelte sich von einem Zentrum – der Kanzel – aus gleichmäßig »richtungslos« nach allen Seiten. »Der typisch sondergotische Blick geht von der Empore quer durch den Raum.«
- Die einzelnen Architekturkomponenten wurden miteinander »verschliffen«, das heißt verschmolzen. Während die französische Kathedrale durch die strophische Aneinanderreihung gleichartiger Teile gekennzeichnet war, tendierte die deutsche Gotik zur Überwindung der Abgrenzung von Joch und Schiff. Die figurierten Gewölbe machten zunächst den Gurt- und später den Scheidbogen überflüssig und vereinheitlichten das Raumgefüge. Durch die Auflösung der geometrischen Symmetrie zwischen Chor und Chorumgang (Schwäbisch Gmünd) erscheinen die Umgangsjoche nicht mehr gereiht, sondern miteinander verschmolzen. Die häufig zu beobachtenden absichtsvoll gestalteten Asymmetrien in Grundriss und Maßwerk dienten der systematischen Verkomplizierung und Verunklärung sowie der Auflösung der geometrischen Rhythmik des Raumeindrucks.
- Der Chor verlor zunehmend an Bedeutung. Der Chorumgang wurde bei den obersächsischen Hallen aufgelöst und mit dem Langhaus verschmolzen. Die Chorpartie wurde in Pirna weitgehend eingeebnet und trat in Schneeberg kaum und in Halle überhaupt nicht mehr in Erscheinung.
- Funktionelle Elemente wie Strebepfeiler, Gewölberippen und ähnliches verschwanden zugunsten »malerischer« Dekorationsformen. Die Rippen der figurierten Gewölbe sind vollkommen funktionslos und zeigen dies auch demonstrativ. Das gotische Gewölbe wurde zur Tonne mit aufgemauerten Zierrippen. Statische Notwendigkeiten wurden so weit als möglich kaschiert.
- Die Raumbegrenzung verlor ihren diaphanen, das heißt durchscheinenden Charakter und trat wieder als eingeebnete Wandfläche in Erscheinung. Die Strebepfeiler wurden nach innen gezogen. Die Sondergotik strebte nach »Beruhigung der optischen Erscheinung« und ersetzte die rhythmische Vertikalität des Strebepfeilerwaldes der Chorauβenwand durch eine »bildmäßige« Fläche.
- Die Stützen wurden nicht mehr in den architektonischen Kontext eingebunden, sondern liefen als eigenständige Gebilde gegen das einheitliche, ungeteilte Gewölbe, dessen Dienste sich kämpferlos wie Zweige eines Baumes aus ihm entfalten.

Obwohl sich Gerstenberg der Konsequenzen des Funktionswandels von der Dom- und Klerikerkirche hin zum bürgerlichen Predigtraum durchaus bewusst war, sah er in erster Linie die Baugesinnung der deutschen Architekten und ihrer Auftraggeber als für die von ihm beobachtete Abwendung von den Gestaltungsprinzipien der franzö-

Döbeln, St. Nikolai, Ansicht von Südwesten Die Stadtkirche wurde im 14. Jahrhundert zunächst als Basilika errichtet und nach einem Brand und anschließendem Planwechsel ab 1479 zu einer vierjochigen Halle mit Polygonalchor umgestaltet. Die Turmaufsätze entstanden im 17. und 18. Jahrhundert.

Wittichenau, St. Mariä Himmelfahrt, Mittelschiff nach Osten Die Stadtpfarrkirche wurde ab etwa 1440 erbaut und um die Mitte des 16. Jahrhunderts vollendet. Der Blick zeigt die Besonderheiten der Architektur. Bemerkenswert ist das deutlich überhöhte Mittelschiff (Pseudobasilika) sowie die bei vielen Bauten der Lausitz anzutreffende Auflösung des Umgangschors durch den Wegfall der Binnenstützen.

Chemnitz, St. Jakobi, Choransicht Auf den Fundamenten eines romanischen Vorgängerbaus wurde ab 1350 ein gotisches Hallenlanghaus und zu Beginn des 15. Jahrhunderts ein Umgangschor errichtet. Die komplizierte Choranlage folgt dem Vorbild der Nürnberger Sebalduskirche. Das 5/8-Binnenpolygon wird von einem 9/16-Umgang umschlossen.

sischen Gotik ursächlich an. Die von ihm bedenkenlos verwendeten Formulierungen von einer der »deutschen Rasse« gemäßen Stilentwicklung – Wilhelm Pinder sprach 1937 gar von einer »inneren Wachstumsähnlichkeit der verwandten Völker weißer Rasse« – lösen beim heutigen Leser aus nahe liegenden Gründen Unbehagen aus. Gleichwohl ist der Grundgedanke, dass sich in der landesspezifischen Rezeption eines Stils das ästhetische Empfinden seiner Erbauer darstellt, nicht abwegig. Gerstenbergs These lautet verkürzt, dass sich das kulturelle Selbstverständnis der Deutschen im Unterschied zu den zum »Geometrischen« und »Messbaren« neigenden romanischen Völkern eher im »Mystischen« und »Irrationalen« äußert. Während die Franzosen wie auch die Italiener klar konturierte und voneinander geschiedene Einzelteile aneinanderreihten, vermieden die Deutschen die Ausbildung klarer Grenzflächen und bemühten sich durch die bewusste »Verschleifung« der Baukomponenten und die daraus resultierende Verschleierung der Konstruktionszusammenhänge um die Schaffung »unendlicher, sich nach allen Seiten gleichmäßig ausdehnender, nicht abgeschlossener Räume«.

Die einseitige Argumentation in Verbindung mit apodiktischen Formulierungen hat Gerstenberg vor allem den Vorwurf eingetragen, er verenge seine Sicht zu sehr auf eine begrenzte Zahl von Bauten und vernachlässige andere, die sich nicht in das von ihm entworfene Bild fügten. So hat beispielsweise Nußbaum darauf hingewiesen, dass ein großer Teil vor allem der in Süddeutschland im 15. Jahrhundert errichteten Neubauten weiterhin mit querrechteckigen Jochen, deutlich voneinander geschiedenen Schiffen und teils auch Jochen, Chorfassaden »mit vortretendem Strebepfeilergerüst« und dominanten Mittelschiffen ausgestattet wurden und dass selbst die Betonung der Horizontalen keinesfalls die Regel ist.

Die Kunstgeschichtsforschung in der DDR stellte stets den gesellschaftspolitischen Aspekt in den Vordergrund. So stimmten die maßgeblichen Autoren etwa darin überein, dass sich in der Bevorzugung der Hallenform eine »Tendenz zum Profanen« und eine »Verbürger-

Zwickau, St. Katharinen, Ansicht von Südosten Die kleinere der beiden gotischen Zwickauer Stadtkirchen ist die ältere. Von einem romanischen Vorgänger sind nur Mauerreste erhalten. Der bestehende dreischiffige Bau entstand wohl in mehreren Etappen im 14. und 15. Jahrhundert. Im 19. Jahrhundert wurden Veränderungen an den Türmen, Portalen und am Maßwerkdekor vorgenommen.

Zwickau, St. Katharinen, Inneres nach Osten Der Innenraum präsentiert sich mittelalterlicher als der Außenbau. Ungewöhnlich ist der flach schließende Saalchor. Im Gegensatz zum stern- und netzgewölbten Langhaus schließt der ältere Chor mit einem Kreuzrippengewölbe.

lichung des Lebens« (Heinrich Magirius) ausdrückt, und Horst Ende schrieb, die Halle habe eher dem »demokratisch gesinnten Bürgertum entsprochen als die als aristokratisch empfundene Basilika«. Die ambivalente Haltung vieler Kunsthistoriker in der Bewertung der spätgotischen sächsischen Architektur zeigt sich etwa darin, dass beispielsweise Ernst Ullmann zwar einerseits schrieb, in der Schneeberger Wolfgangkirche habe die »Hallengotik eine geradezu akademische Vollendung gefunden«, an anderer Stelle jedoch einschränkte, die Kirche sei »nie der einzig angestrebte Idealtyp Obersachsens« gewesen. Formulierungen wie »Verschleifung«, »Ausschaltung der Tiefenbewegung«, »Bildhaftigkeit« und selbst die Metapher von den gleich den Stämmen eines Waldes in das Geäst der Gewölberippen hineinwachsenden Pfeilern findet man dennoch auch bei Ullmann, ebenso bei Magirius, Zaske und anderen. Die Kritik von Heinrich Magirius befindet sich insoweit in Übereinstimmung mit der vieler westdeutscher Autoren, als sie darauf zielt, dass »diese ältere Forschung es versäumt habe, den Zusammenhängen mit den umgebenden

Pegau, St. Laurentius, Ansicht von Südwesten Die heutige Stadtkirche St. Laurentius war ursprünglich eine von zwei Kirchen eines 1096 von Wiprecht von Groitzsch gegründeten Benediktinerklosters. Nach dem Stadtbrand von 1382 wurde sie zur Pfarrkirche umgewidmet und im 15. Jahrhundert in mehreren Etappen neu errichtet. Die Westfassade stammt vom romanischen Vorgängerbau. Die Ursache des auffällig steilen Satteldachs ist das überhöhte Mittelschiff der Staffelhalle.

Pegau, St. Laurentius, Mittelschiff nach Osten In der klassischen West-Ost-Ansicht erkennt man eine netz- und sterngewölbte Staffelhalle mit deutlich überhöhtem Mittelschiff und 5/8-Saalchor. Kanzel und Altar stammen aus dem frühen 17. Jahrhundert.

Hoyerswerda, Pfarrkirche, Ansicht von Südosten An der äußersten nördlichen Peripherie der heutigen Landes Sachsen findet sich der Vertreter einer Baugattung, die eigentlich in Brandenburg beheimatet war. Die im späten 15. Jahrhundert errichtete Stadtkirche Hoyerswerda ist ein für die Niederlausitz typischer Exponent der spätgotischen märkischen Backsteinhalle.

Kulturlandschaften nachzugehen« und sich »zu sehr auf die Vorstellung von einem im obersächsischen Kirchenbau zur letzten Konsequenz geführten spätgotischen Raumstil fixiert habe«. Solche Einwände wiegen natürlich auch insofern schwer, als sich selbst die spätgotische Kulturlandschaft Sachsens weitaus uneinheitlicher präsentiert, als es die isolierte Betrachtung einer Handvoll Bauten suggeriert. Wenn sich die deutsche Gotik auch nicht so zielstrebig auf die obersächsischen Hallen zubewegt hat, wie Gerstenberg es darstellte, so ist doch evident, dass sich in diesen Bauten

Hoyerswerda, Pfarrkirche, Mittelschiff nach Osten Die regionaltypische Besonderheit des trotz der Sterngewölbe backsteingotisch schlichten Baus besteht darin, dass er nach außen als Halle mit Umgangschor erscheint, durch den Wegfall der Mittelstützen jedoch über keinen ausgebildeten Binnenchor verfügt.

etwas ausdrückt, das man als spezifisch deutsches Raumgefühl bezeichnen kann. Innerhalb der Grenzen dessen, was gerade noch als Gotik bezeichnet werden kann, hatte man hier die größtmögliche Entfernung zum Typus der französischen Kathedrale – die westlich des Rheins bis zum Ende der Epoche verbindlich blieb – zurückgelegt. Auch wenn die Vielgestaltigkeit der deutschen Baukunst des 15. und 16. Jahrhunderts mit einem solchen Denkansatz nicht erfasst werden kann, geben die anhand einer sicherlich willkürlichen Auswahl »stilreiner« Prototypen formulierten allgemeinen Grundsätze zumindest einen Hinweis auf die Richtung einer Entwicklung, die etwa mit der Epoche Peter Parlers einsetzte.

Pfarrkirchen

Der Wandel in der spätgotischen Sakralarchitektur Sachsens zeigt sich beispielhaft in der Tatsache, dass die bis zur Mitte des 15. Jahrhunderts entstandenen Bauten im Gegensatz zu denen der Folgezeit noch vorrangig durch ihre Chorlösungen charakterisiert sind. Anders als in der Mark Brandenburg oder in Böhmen sind hier allerdings nur selten innovative Varianten zustande gekommen. Die am weitesten verbreitete Form ist nach wie vor der von der Bettelordensgotik abgeleitete, in einem 5/8-Polygon schließende einschiffige Saalchor. Man findet ihn unter anderem am Freiberger Dom, an der Torgauer Marienkirche, der Chemnitzer Schlosskirche und der Pegauer Laurentiuskirche. Diese altertümliche Gestaltungsweise wird jedoch beim Freiberger Dom, bei der Pegauer Laurentiuskirche oder der Kamenzer Marienkirche durch die künstlerische Qualität der Maßwerkformen, vor allem der Fenster, aufgewertet. Diese sind offenkundig durch die reiche Fassadengestaltung der Parlerschule beeinflusst und haben ihr direktes, wenn auch nirgendwo erreichtes Vorbild im Chor der Moritzkirche in Halle/Saale. Auch die recht zahlreichen spätgotischen Dorfkirchen besitzen zumeist dreiseitig schließende Polygonalchöre.

Eine aufwändigere Form des Ostabschlusses findet man bei der Jakobikirche in Chemnitz, am Bautzener Dom und bei der Pfarrkirche Mariä Himmelfahrt in Wittichenau in der Niederlausitz. Diese besitzen eine Variante des Hallenumgangschores, die um die Mitte des 14. Jahrhun-

Oschatz, Marktplatz mit St. Ägidien von Osten Einer der schönsten mittelalterlichen Marktplätze Sachsens verdankt sein Gepräge im Wesentlichen dem 19. Jahrhundert. Sowohl das Rathaus als auch die Ägidienkirche wurden nach dem Brand von 1842 stark purifiziert.

Delitzsch, St. Peter und Paul, Westportal Auch in Delitzsch befinden wir uns im Übergangsbereich zwischen Backstein- und Hausteinarchitektur. Deutlich zu erkennen ist das daran, dass die schmückenden Maßwerkteile der im 15. Jahrhundert errichteten Stadtpfarrkirche anders als in den Kerngebieten der norddeutschen Backsteingotik aus Werkstein angefertigt wurden.

derts in Süddeutschland (Schwäbisch Gmünd) und Niederösterreich (Zwettl) entwickelt wurde und die vor allem die spätgotische Sakralarchitektur der Mark Brandenburg (Frankfurt, Berlin, Brandenburg, Cottbus u.a.) entscheidend prägte, von wo sie wohl auch nach Sachsen vermittelt worden ist. Die Besonderheit dieser Konstruktion besteht in den unterschiedlichen Seitenzahlen von innerem und äußerem Polygon. Während in der klassischen Kathedrale zumeist ein in fünf Seiten des Achtecks schließender Binnenchor von einem ebensolchen Umgangschor umschlossen wird, besitzt die Chemnitzer Jakobikirche einen dreiseitigen Binnenchor und einen in neun Seiten des Sechszehnecks schließenden Umgang, womit sie die kompliziertesten Brechungsverhältnisse aller Umgangschöre aufweist. Diese Konstruktion entspricht dem Modell der 1361–79 errichteten Nürnberger Sebalduskirche, das ab 1379 auch von der Berliner Nikolaikirche adaptiert wurde. Bei dem in der zweiten Hälfte des 15. Jahrhunderts

Oschatz, St. Ägidien, Mittelschiff nach Osten Die Ägidienkirche wurde zwar strukturell dem Zustand des 15. Jahrhunderts angenähert, die Formensprache des von Carl Alexander von Heideloff nachgeschaffenen Baus ist jedoch die des frühen Historismus.

Oschatz, St. Ägidien, Chorgewölbe Das Gewölbe des inschriftlich 1446 vollendeten Chors folgt dem Muster des Parlerschen Prager Doms.

erbauten Chor des Bautzener Dom, der Wittichenauer Stadtkirche und der im 18. Jahrhundert nach einem Brand barockisierten Großenhainer Marienkirche wurde das innere 5/8-Polygon von einem siebenseitigen Laufgang umfasst. Bei der Stadtkirche Wittichenau handelt es sich insofern, als ihre Arkadenbögen jenseits der Binnenchorstützen in den Umgang hinein verlängert sind, um eine durch Vorbilder aus der Niederlausitz beeinflusste Sonderform des »märkischen Umgangschores«. Der Sinn dieser hier merkwürdig deplatziert erscheinenden Konstruktion wird erst im Vergleich mit der um die Wende vom 15. zum 16. Jahrhundert entstandenen Johanneskirche Hoyerswerda und anderen Bauten in der märkischen Niederlausitz (Spremberg, Forst, Senftenberg) verständlich. Gemeinsam ist diesen der Wegfall der das Binnenpolygon optisch vom Umgang trennenden Mittelstützen. Als Folge davon läuft das Mittelschiff ohne Unterbrechung gegen die Choraußenwand. In Wittichenau wird jedoch durch die in den beiden östlichen Jochen schräg auf das Ostfenster zulaufende Arkatur und die trigonale Altarrückwand noch der Eindruck einer Trennung von Sanktuarium und Chorumgang vermittelt. Auch die zur Verunklärung des Raumgefüges beitragende starke Überhöhung des Mittelschiffs ist ein Merkmal, das man bei anderen spätgo-

tischen Pfarrkirchen in der Lausitz – etwa in Cottbus und, weniger ausgeprägt, in Spremberg – finden kann. Solche Staffelhallen oder Pseudobasiliken wurden während der ausklingenden Gotik in größerer Zahl auch in einigen anderen deutschen Kulturlandschaften erbaut, so in Schwaben, Mecklenburg und Schlesien.

Eine völlig andere Chorform findet man bei der Görlitzer Peter- und Paulskirche und bei der Ägidienkirche Oschatz, deren Mittelschiff ebenfalls pseudobasilikal überhöht ist. Beide besitzen einen sogenannten triapsidialen Ostabschluss, der durch die separaten polygonalen Endigungen der einzelnen Kirchenschiffe gekennzeichnet ist. Die Görlitzer Konstruktion, bei welcher der vortretende 5/8-Chor des Mittelschiffs von zwei 3/6-Nebenapsiden flankiert wird, findet sich auch bei der Hallenser Moritzkirche, ist aber letztlich wohl eine Abwandlung des Chores der Prager Teynkirche. In Oschatz schließen auch die Seitenschiffe in fünf Seiten des Achtecks. Auch im norddeutschen Backsteingebiet trifft man häufig auf triapsidiale Abschlüsse in unzähligen Varianten (Lübeck, Hannover, Lüneburg, Prenzlau, Werben u.a.). Die Görlitzer Peter- und Paulskirche ist nicht nur der größte spätgotische Sakralbau im heutigen Sachsen, sie besitzt überdies den bei weitem höchsten Innenraum. Mit der

Oschatz, St. Ägidien, Krypta
Eine der Topografie des abschüssigen Geländes geschuldete Besonderheit der Ägidienkirche ist die sogenannte Krypta, eine gewölbte Substruktion unter dem Chor.

Meißen, Frauenkirche, Ansicht von Osten
Der Meißener Marktplatz wird im Südwesten von der Frauenkirche mit dem dramatisch aufragenden Turm beherrscht. Sie verdankt ihr heutiges Aussehen den Bauphasen zwischen 1447 und 1466.

Meißen, Frauenkirche, Innenraum Abgesehen von dem komplizierten Gewölbestern im breit gelagerten Chor wirkt der Innenraum schlicht.

stattlichen Wölbungshöhe von siebenundzwanzig Metern erreicht und übertrifft sie eine Vielzahl großer Basiliken. Da man die Peter- und Paulskirche über die alte Stadtmauer hinaus in das steil abfallende Neißetal hineinbaute, wurde ein umfangreicher Unterbau notwendig, den man zur Schaffung einer unter dem Chor gelegenen, 1457 vollendeten vierschiffigen Unterkirche, der Georgenkapelle, nutzte.

Neben diesen Chorvarianten findet man einige Sonderformen wie etwa den Rechteckchor der Zwickauer Katharinenkirche, das 3/6-Polygon der Bornaer Katharinenkirche oder den 3/8-Abschluss der Frohburger Michaeliskirche. Bei dem ab 1453 erbauten 5/15-Chor des Zwickauer Doms handelt es sich bereits um eine Konstruktion ganz anderer Art, die nur unter dem Gesichtspunkt der »sondergotischen Raumverschleifung« und des allmählichen

Meißen, Frauenkirche, Hauptaltar Der um 1500 geschaffene, reich gestaltete Hauptaltar veranschaulicht den Wohlstand der Meißner Bürgerschaft. Im Zentrum steht die Marienkrönung, flankiert von der Anbetung des Christuskindes, Abendmahl, Marientod und Kreuzigung.

Bedeutungswandels oder -verlustes des Ostabschlusses zu begreifen ist.

Das Erscheinungsbild der sächsischen Sakralbauten der ersten Hälfte des 15. Jahrhunderts ist insgesamt noch so vielgestaltig, dass man von einer einheitlichen Architekturlandschaft zu diesem Zeitpunkt kaum sprechen kann. Die überwiegend mäßig dimensionierten, sich zumeist über vier oder fünf Joche erstreckenden Langhäuser sind in der Regel dreischiffig, doch findet man auch eine Vielzahl von zweischiffigen Anlagen wie die Petri-Paulikirche in Zittau, die kriegszerstörte Barfüßerkirche in Leipzig, die Stiftskirche in Chemnitz-Ebersdorf, die Marienkirche in Stollberg oder die Marienkirche in Mittweida. Die Kamenzer Marienkirche und der Bautzener Dom wurden durch nachträgliche Anfügungen zu vierschiffigen, die Görlitzer Peter- und Paulskirche wurde gar zu einer fünfschiffigen Anlage erweitert.

Oschatz, Franziskanerkirche, Ansicht von Südosten Obwohl die Oschatzer Franziskanerkirche auf den ersten Blick eine typische hochgotische Bettelordenskirche ist, entstand sie im Wesentlichen zwischen 1381 und 1428. Während sich das Äußere noch im ursprünglichen Zustand befindet, wurde der Innenraum der netzgewölbten Saalkirche im 20. Jahrhundert durch Zwischenwände und -decken entstellt.

Oschatz, Franziskanerkirche, Südportal In Detailformen wie diesem kielbogigen, reich profilierten Gewändeportal an der Südfassade des Chors offenbart sich die Franziskanerkirche trotz konservativer Disposition als spätgotischer Bau.

Um die Wende vom 14. zum 15. Jahrhundert tauchen in Sachsen erstmals in größerer Zahl vergleichsweise einfache figurierte Wölbungsformen auf. Da die meisten in diesem Zeitabschnitt begonnen Bauten erst in der zweiten Jahrhunderthälfte vollendet oder umgestaltet wurden (Görlitzer Dom, Bautzener Dom, Chemnitzer Schlosskirche u.a.), sind auch sie heute mit den für Obersachsen charakteristischen Netz- und Sterngewölben ausgestattet. Wölbungen aus der Zeit bis zur Mitte des 15. Jahrhunderts begegnen uns heute nur noch in wenigen Bauten. So besitzen beispielsweise die Kamenzer Marienkirche, die Chemnitzer Jakobikirche und die Oschatzer Ägidienkirche noch ihre parlerisch beeinflussten Netzgewölbe, und in der Döbelner Nikolaikir-

Strehla, Pfarrkirche, Ansicht von Südosten Die Strehlaer Stadtkirche ist ungeachtet ihrer Stattlichkeit und späten Errichtung im 15. und frühen 16. Jahrhundert ein konservativer, provinzieller Bau. Ein dreijochiger, polygonaler Saalchor mündet in ein vierjochiges Langhaus mit eindrucksvoll in die Höhe ragendem Krüppelwalmdach.

Strehla, Pfarrkirche, Mittelschiff nach Osten Überrascht stellt man im Inneren fest, dass es sich bei dem wohl dreischiffig geplanten Langhaus um einen einschiffigen Saal handelt, der wie der Chor mit einer flachen Holzdecke schließt, die 1909 erneuert wurde. Der Renaissancealtar stammt von 1605.

che oder der Zittauer Kreuzkirche findet man zum Teil phantasievolle Sterngewölbe.

Die um 1410 entstandene, von böhmischen Vorbildern beeinflusste Kreuzkirche Zittau ist ein bemerkenswerter Sonderfall, in dem sich die weitere Entwicklung bereits anzudeuten scheint. Es handelt sich bei ihr um einen vierjochigen Einstützenbau unter einem sogenannten Schirmgewölbe – einem raumübergreifenden Gewölbestern, in dessen Zentrum sich anstelle eines Schusssteins der tragende Pfeiler befindet. Obgleich man angesichts der Wirkung dieser Konstruktion geneigt ist, Zusammenhänge mit den obersächsischen Raumwölbungen zu erkennen, orientiert sich die Bauweise hier noch an älteren Mustern. In Nebenkapellen und auch in profanen Saalbauten wurde in Deutschland bereits seit dem frühen 14. Jahrhundert vielfach mit neuen, das tradierte Raumgefüge auflösenden Gewölbeformen experimentiert. Das Zittauer Schirmgewölbe entspricht im Aufbau weitgehend den hundert Jahre

Mittweida, St. Marien, Ansicht von Süden Der zweischiffige, dreijochige Chor der Mittweidaer Marienkirche wurde vermutlich zwischen 1454 und 1476 von Arnold von Westfalen erbaut. Sie gilt als dessen Erstlingswerk und ist möglicherweise der Bau, mit dem die obersächsische Spätgotik begann. Langhaus und Turm wurden erst 1522 vollendet.

Mittweida, St. Marien, Innenraum nach Osten Spektakulärer als das Äußere ist das Interieur der Marienkirche. Das schöne Netzgewölbe des Chors fasst den ungeteilten Raum zu einer zweischiffigen Einheit zusammen, die trotz asymmetrischer Disposition von harmonischer Wirkung ist. Das nördliche Langhausseitenschiff ist durch zweigeschossige Arkaden vom übrigen Raum getrennt. Das Langhaus zeigt eine schlichtere Formensprache als der Chor.

Rochlitz, St. Kunigunden, Ansicht von Südosten Die 1476 vollendete Rochlitzer Kunigundenkirche gilt als wichtiger Wegbereiter der obersächsischen Spätgotik. Eine Mitwirkung Arnolds von Westfalen wird vermutet, ist aber nicht bewiesen. Der Grundriss mit dreijochigem Langhaus und gleichfalls dreijochigem, siebenseitig endendem Chor ist der Tradition verpflichtet.

Rochlitz, St. Kunigunden, Südfassade Das Äußere ist durch die vorgestellten Strebepfeiler und das komplizierte Maßwerkdekor aus rotem Rochlitzer Porphyr reich und kunstvoll gestaltet. Mit dieser Pracht ist die Kunigundenkirche der Tradition verhaftet.

Rochlitz, St. Kunigunden, Mittelschiff nach Osten Weitaus »moderner« präsentiert sich das Interieur. Hier wurde erstmals in Sachsen ein raumvereinheitlichendes Netzgewölbe verwirklicht. Der ältere Chor schließt mit einem parlerschen Netzgewölbe.

älteren Wölbungen der Lübecker Briefkapelle, der Kapitelsäle in Eberbach und Maulbronn und dem zweischiffigen Remter in der Marienburg. Da sich »bei solchen Kleinräumen die gestalterische Phantasie zusehends der Decke zuwandte und die figurierten Gewölbe sich zunächst hier verbreiteten« (Nußbaum) und da dieser Typus zu Beginn des 15. Jahrhunderts vor allem in Böhmen, wozu die Oberlausitz in dieser Zeit gehörte, aufzutauchen begann, fügt sich der Zittauer Bau harmonisch in die architektonische Entwicklung ein. Die Gewölberippen der Kreuzkirche setzen sich zwar überwiegend noch als Dienste bis zum Sockel des kämpferlosen Achteckpfeilers fort, wachsen aber zum Teil auch schon ansatzlos aus diesem heraus. Das Gewölbe der erwähnten 1457 geweihten Unterkirche (Georgenkapelle) der Görlitzer Peter- und Paulskirche steht in der gleichen Tradition wie das der Zittauer Kirche. Die Konstruktion des vierjochigen Raumes ist jedoch sehr viel komplizierter. Die auch hier die Joch- und Schiffsgrenzen durchdringenden »Springgewölbe« der mittleren Schiffe werden von schlanken Oktogonpfeilern getragen, während die Netzgewölbe der seitlichen Schiffe teils auf Kombinationen aus Oktogon- und Rundpfeilern, teils aber auch auf kräftigen Bündelpfeilern ruhen.

Die Bauten der »Erzgebirgsschule«

Der nach Quellenlage wahrscheinlich erste Sakralbau Sachsens, dessen kombiniertes Stern- und Netzgewölbe – dem Beispiel der Amberger Martinskirche folgend – den dreischiffigen Hallenraum zu einer Einheit zusammenfasst, indem es sowohl die Gurt- als auch die Scheidbögen durchstößt, ist die Rochlitzer Kunigundenkirche. Als Entstehungsjahr ist auf einem der Schlusssteine 1476 vermerkt. Die vermutete Mitwirkung Arnolds von Westfalen, Hauptbaumeister der Albrechtsburg in Meißen, an diesem Projekt ist nicht bewiesen, liegt angesichts der Entstehungszeit

Rochlitz, St. Kunigunden, Kämpferdekoration im Chor
Die Kirche zeigt teilweise phantasievolles und groteskes Maßwerkdekor wie diese farbig gefassten figürlichen Konsolen am Ansatz der Dienste im Chor.

und der Übereinstimmungen mit der Marienkirche von Mittweida aber nahe. Auch die Pfeilersockel erinnern unwillkürlich an diejenigen in der Albrechtsburg. Wie bei den in den Bergbaumetropolen errichteten Pfarrkirchen beginnen die Gewölberippen auch hier unmittelbar am oberen Ansatz der Oktogonpfeiler, deren Flächen noch nicht die charakteristischen konkaven Einbuchtungen aufweisen. Möglicherweise setzten sie sich jedoch ursprünglich als Dienste bis zum Pfeilersockel fort und wurden erst nachträglich entfernt im Interesse der stilistischen Angleichung an die Bauten in Freiberg, Zwickau, Annaberg u.a. Dass Stütze und Wölbung hier noch in einem anderen Verhältnis zueinander stehen als bei den späteren Bauten, ist auch daran zu erkennen, dass sich die vergleichsweise kräftigen Rippen noch unter relativ steilem Winkel aus den Pfeilern entwickeln. Auch die formal nicht überall geglückte Konstruktion des Netzgewölbes – die Rippenkonfiguration des westlichen Mittelschiffjochs ist vollkommen asymmetrisch

Rochlitz, St. Kunigunden, Hauptaltar Vom Reichtum der Kaufmannsstadt zeugt auch der aufwändige, vermutlich von Philipp Koch geschaffene spätgotische Schnitzaltar von 1513. Im Zentrum steht eine Darstellung von Heinrich und Kunigunde, flankiert von Szenen aus der Passion Christi. Die Bildtafeln auf der Rückseite stammen von Hans Dürer und einem Schüler Lucas Cranachs d. Ä.

Rochlitz, St. Petri, Innenraum Die Rochlitzer Petrikirche wurde im Wesentlichen zwischen 1470 und 1499 in reizvoller Lage an der Zwickauer Mulde errichtet. Sie ähnelt im Aufbau der etwa zeitgleich entstandenen Kunigundenkirche, ist äußerlich jedoch schlichter als diese. Auch sie verfügt über ein fast quadratisches dreijochiges Langhaus und einen 5/8-Saalchor. Ungewöhnlich ist der kleine Turm über dem südöstlichen Seitenschiffjoch.

Leipzig, St. Nikolai, Ansicht von Südosten Die Entstehungsgeschichte der Nikolaikirche geht bis ins späte 12. Jahrhundert zurück. Der dreiseitig schließende Saalchor entstand im 14. Jahrhundert, das breit gelagerte Langhaus wurde 1513–26 nach Plänen von Benedikt Eisenberg errichtet.

geraten – lässt erkennen, dass man sich noch am Beginn einer Epoche befindet. Ungeklärt ist die ursprüngliche Zweckbestimmung des aufwändigen Baus, der erst 1548 zur Pfarrkirche erklärt wurde, also über siebzig Jahre der kleineren Petrikirche zu Füßen des Schlosses nachgeordnet war. Obwohl es keine Dokumente gibt, die darüber Aufschluss geben könnten, deuten Indizien darauf hin, dass die Kirche

möglicherweise im Auftrag der seinerzeit im benachbarten Wechselburg niedergelassenen Deutschordensritter erbaut wurde. Ungeachtet der raumvereinheitlichenden Art der Wölbung ist der Innenraum noch von gestreckten, queroblongen – von Quadraten denkbar weit entfernten – Mittelschiffjochen geprägt, die mehr als die doppelte Breite der Seitenschiffjoche haben, und der Außenbau ist nicht

Leipzig, St. Nikolai, Gewölbeansicht
Der Innenraum wurde 1784–97 von Johann Friedrich Carl Dauthe und Adam Friedrich Oeser umgestaltet. Faszinierend ist die zwanglose Eleganz, mit der die spätgotische Raumwölbung in eine frühklassizistische Kassettendecke umgedeutet wurde, die von kannelierten Säulen mit Palmettenkapitellen getragen wird.

nur durch den reichen, großenteils aus krabbenbesetzten Wimpergen bestehenden Maßwerkschmuck, sondern vor allem durch die deutlich herausfluchtenden Strebepfeiler gegliedert. Zwar nimmt die Rochlitzer Kirche somit eine wichtige stilistische Mittlerposition zu den späten Schöpfungen der »Erzgebirgsschule« ein, doch sieht man an ihr exemplarisch, wie wenig Aussagekraft die Gerstenbergschen Theorien häufig selbst für sogenannte schulbildende Bauten haben.

Arnolds bekannteste Arbeit an einem Sakralbau ist zweifellos das 1471–81 geschaffene, das äußere Erscheinungsbild der Kirche maßgeblich prägende dritte Geschoss der Westfassade des Meißner Doms. Es erhebt sich über dem ab 1315 errichteten ersten und dem um 1400 ergänzten zweiten Turmgeschoss und schloss bis 1904 die Westfront nach oben hin ab. Besonderheiten sind vor allem die allseitigen Wanddurchbrüche, die Einblicke in die unvermittelt auftauchenden Treppenläufe gewähren,

Leipzig, St. Thomas, Ansicht von Südwesten Die architektonische Grundstruktur der Thomaskirche ähnelt der Nikolaikirche. Hinter dem hochgotischen Saalchor des ehemaligen Augustiner-Chorherren-Stifts ragt ein achtjochiges spätgotisches Langhaus steil empor.

Leipzig, St. Thomas, Gewölbeansicht Das Langhaus der Leipziger Thomaskirche wurde ab 1482 von Klaus Roder auf den Fundamenten eines romanischen Vorgängerbaus errichtet. Vollendet wurde es 1496 mit der Einwölbung durch Konrad Pflüger. Der weitläufige Raum gilt als eine der ersten spätgotischen obersächsischen Hallen.

Leipzig, St. Thomas, Mittelschiff nach Westen Das durch den Prager Dom beeinflusste feinmaschige Netzgewölbe überspannt drei gleich breite Schiffe, die es ohne trennende Arkadenbögen zu einer Einheit zusammenfasst. Die Joche haben noch die tradierten queroblongen Proportionen.

die tief gekehlten Blenden, das elegante, teilweise freistehende Maßwerkdekor und der Verzicht auf äußere Strebepfeilervorlagen. Obwohl davon auszugehen ist, dass die ursprüngliche Planung einen dreitürmigen Abschluss der Schaufassade ähnlich Dom oder Severikirche Erfurt vorsah, sind das 1904–09 nach Plänen von Karl Schäfer geschaffene vierte Geschoss und die beiden Turmhelme, die sich stilistisch im Wesentlichen am dritten Geschoss

orientieren, als geglückte Bereicherung des Bauwerk anzusehen. Da Arnolds Turmgeschoss nur bis zur Höhe des Dachfirstes reichte, wurde die Silhouette des Domes bis ins 20. Jahrhundert hinein vom südlichen der beiden Osttürme dominiert. Dessen in der Tradition des Freiburger Münsterturms stehendes durchbrochenes Oktogon ist der künstlerisch wohl bemerkenswerteste gotische Turmabschluss in Sachsen.

Bautzen, Dom St. Peter, Ansicht von Südosten
Der Bautzener Dom entstand im Wesentlichen in der zweiten Hälfte des 15. Jahrhunderts. Dem ursprünglich dreischiffigen Langhaus wurde 1456–63 ein viertes Schiff angefügt.

Bautzen, Dom St. Peter, Gewölbeansicht
Das wenige Jahre nach der Leipziger Thomaskirche vollendete Langhaus besitzt ein ähnliches parlersches Netzgewölbe wie diese. Die Raumproportionen der westlichen Joche sind jedoch noch stärker dem »sondergotischen« Idealbild angenähert.

In den 1480er und 90er Jahren entstanden in kurzer Folge die nächsten größeren Bauten dieses Genres. Die Gewölbe der Leipziger Thomaskirche (1489–96) und der Görlitzer Peter- und Paulskirche (1490–97) entstanden unter der Leitung von Arnolds Nachfolger, des aus dem schwäbischen Raum stammenden Konrad Pflüger, der für die Albertiner wie auch die Ernestiner tätig war. Die raumüberspannenden Netzgewölbe, denen man die gleiche Handschrift durchaus ansieht, ruhen in Görlitz noch auf den Bündelpfeilern einer konzeptionell aus der ersten Jahrhunderthälfte stammenden Kirche, während sie

in Leipzig von Oktogonpfeilern mit noch ebenen Flächen getragen werden, die ab 1482 zusammen mit dem übrigen Langhaus von Klaus Roder geschaffen wurden. Während das Mittelschiff der Görlitzer Kirche die Seitenschiffe entsprechend der Tradition der triapsidialen Hallen an Breite noch deutlich übertrifft, begegnet uns in Leipzig erstmals ein Bau mit drei annähernd gleich breiten Schiffen. Die Annahme, dass diese Raumform damit zur feststehenden Norm wurde, trifft jedoch nicht zu. Auch bei vielen Schlüsselbauten der Folgezeit wie etwa der Chemnitzer Schlosskirche oder selbst bei der gern als Prototyp spätgo-

Bautzen, Dom St. Peter, Mittelschiff nach Osten
Das Netzgewölbe wurde 1497 geschlossen. Das Langhaus wird seit 1524 für den evangelischen Gottesdienst genutzt; der asymmetrisch abgeknickte Chor ist den Katholiken vorbehalten. Er vertritt einen Typus, den man häufig in der süddeutschen und der märkischen Spätgotik antrifft.

Bautzen, St. Michaelis, Ansicht von Südosten Die kleine Hallenkirche, welche die Stadtsilhouette über der Spree maßgeblich prägt, entstand im 15. und frühen 16. Jahrhundert.

tischer Sakralbaukunst genannten Annaberger Annenkirche umschließen die Seitenschiffe ein deutlich dominierendes Mittelschiff.

Da sich die Gewölbe auch in Görlitz und Leipzig noch unter relativ steilem Winkel aus den kämpferlosen Pfeilerschäften erheben, wirken sie noch organisch zusammengehörig, erscheint die Decke hier noch nicht in dem Maße als raumübergreifende Tonne wie bei späteren Bauten. Die Netzrippenkonfigurationen stehen bei Pflüger – ähnlich wie bei Arnold, wenn auch deutlich verkompliziert – noch in der Tradition der parlerschen Wölbungen. Die Strebepfeiler sind in Leipzig wie bei den meisten obersächsischen Kirchen zumindest teilweise nach innen gezogen. Wie sehr die Leipziger Thomaskirche konzeptionell der Tradition verhaftet ist, lässt sich auch an der queroblongen Form der acht Langhausjoche erkennen. Die Seitenschiffemporen sind nachträgliche Einfügungen des späten 16. Jahrhunderts.

Ganz anders verhält es sich bei dem etwa zeitgleich – ab 1484 – geschaffenen und geradezu programmatisch erscheinenden Langhaus des Freiberger Doms. Seine Erbauer, Johann und Bartholomäus Falkenwalt, schienen gleichsam bestrebt gewesen zu sein, hier ein Modell des »sondergotischen Einheitsraumes« zu schaffen. Der mit der 1509–14 erfolgten Einwölbung vollendete Raum besteht aus drei exakt gleich breiten Schiffen, die sich über sechs weitgehend dem Quadrat angenäherte Joche erstrecken. Die Strebepfeiler sind vollständig nach innen gezogen, die dadurch entstandenen kapellenartigen Räume sind ebenso wie die vierbahnigen Fenster durch eine umlaufende Empore mit schöner Maßwerkbrüstung zweigeteilt. Während man in Leipzig keinen Versuch unternahm, das neu geschaffene Langhaus vom Chor der hochgotischen Vorgängerkirche optisch abzugrenzen, und damit in Kauf nahm, dass sich die Aufmerksamkeit des Besuchers zunächst diesem traditionellen Zentrum des Sakralbaus zuwandte, war der Architekt des Freiberger Doms »von der Idee

Bautzen, St. Michaelis, Innenraum
Von der mittelalterlichen Ausstattung ist nach der purifizierenden Umgestaltung des 19. Jahrhunderts nur die schöne Netzwölbung geblieben.

des Einheitsraums so ergriffen, dass er den der Vereinheitlichung entgegenstehenden Chor einfach vom Gemeindehaus abtrennte« (Ullmann). Das tat er, indem er die Empore brückenförmig über die Choröffnung hinweg fortsetzte und den vormaligen Chor quasi zur Nebenkapelle degradierte. Bemerkenswert ist auch die Tatsache, dass die Emporen hier von Rundbögen getragen werden.

Das Gewölbe ruht auf zehn schlanken Achteckpfeilern mit auffällig stark gekehlten Seitenflächen, die geradezu fremdkörperhaft in die flache Decke hineinwachsen. Da sich kaum ein vernünftiger Grund dafür nennen lässt, dass ein Oktogonpfeiler mit gekehlten Flächen eine ausgeprägtere Neigung zur Betonung der »Richtungslosigkeit« haben soll als ein solcher mit ebenen Flächen, spricht einiges dafür, dass die Entscheidung für ersteren – so vermutet Nußbaum – wegen des belebenden »Licht- und Schattenspiels und der optischen Substanzverringerung« fiel. Wegen der nahezu quadratischen Joche sind die Pfeiler hier so weit auseinandergezogen, dass sie den freien Durchblick des Betrachters von keinem Standpunkt aus beeinträchtigen und so den Eindruck eines ungeteilten, richtungslosen Raumes fördern. Indem man die Rippen in unterschiedlicher Höhe scheinbar zufällig kämpferlos aus den Stützen hervortreten ließ, bemühte man sich, den formalen und funktionellen Bezug zwischen den Pfeilern und der aus diesen in flachen, asymmetrischen Trichtern erwachsenden Wölbung zu verschleiern. Obgleich das Netzrippenmuster des Gewölbes nahezu identisch mit dem der Leipziger Thomaskirche ist, ist der daraus resultierende Raumeindruck ein deutlich anderer. Die Freiberger Wölbung wirkt, da sie insgesamt deutlich eingeebnet ist, die Pfeiler weiter auseinandergezogen sind und die Rippen höher ansetzen, stärker raumübergreifend. Dennoch spiegelt sich die Abfolge der Schiffe auch hier noch – anders als später in Annaberg oder Schneeberg – in Form klar voneinander geschiedener Senken in der Raumdecke wider.

Der Außenbau des Freiberger Domlanghauses ist, insofern er durch den weitgehenden Einzug der Stre-

Meißen, Dom, Westfassade Die Meißener Domfassade ist wesentlich durch das 1471–81 nach Plänen Arnolds von Westfalen erbaute dritte Geschoss mit seinen Einblicke auf die Treppenspindel gewährenden Wanddurchbrüchen geprägt. Die in einem spitzen Dachreiter kulminierende Fürstenkapelle vor der Fassade wurde ab 1423 erbaut.

Meißen, Dom, Westfassade von der Afranischen Pfarre aus gesehen Das vierte Geschoss und die oktogonalen Turmhelme, die sich stilistisch an Arnolds Vorgaben orientieren, wurden in den Jahren 1904–09 von Karl Schäfer ergänzt.

Meißen, Dom, Westportal Das um 1370 geschaffene, reich mit plastischem Schmuck ausgestattete Westportal wurde durch die Anfügung der Fürstenkapelle 1423 zu einem Innenportal.

Meißen, Dom, Kreuzgang Der Kreuzgang auf der Südseite des Doms wurde 1471/72 erneuert und mit Zellengewölben im Stil Arnolds von Westfalen ausgestattet.

bepfeiler vergleichsweise geglättet erscheint und jeglichen gliedernden Bauschmucks entbehrt, von ungewohnter Schlichtheit und kontrastiert daher deutlich mit der erwähnten »Chorfassade«.

Der Freiberger Dom besitzt neben seiner bemerkenswerten Architektur, der Goldenen Pforte und der Triumphkreuzgruppe mit der 1508–10 von Hans Witten geschaffenen Tulpenkanzel das vielleicht wunderbarste plastische Werk der deutschen Spätgotik und zugleich die künstlerisch bemerkenswerteste Kanzel überhaupt. Vergleichbar ist allenfalls die wohl durch sie inspirierte zweihundert Jahre jüngere Kanzel der Kathedrale von Mechelen/Flandern. Es handelt sich bei der Tulpenkanzel um ein phantastisches Gebilde in Form einer distelartigen Pflanze, deren tulpenförmige Blüte den über eine von den Ästen eines Baumes und einem darin sitzenden Bergmann getragene Stiege zugänglichen Kanzelkorb bildet. Dazwischen befindet sich eine Vielzahl von Figuren. Außer dem erwähnten Bergmann erkennt man am Fuße der Treppe den Propheten Daniel, zwischen den Blättern des Stiels spielen vier Putten, und aus dem Rankenwerk der Blüte sind vier Kirchenväter modelliert. Die handwerkliche Ausführung ist von höchster Qualität, und vor allem die Statuen sind von einer solchen Lebensechtheit, dass man kaum glauben mag,

Freiberg, Dom St. Marien, Ansicht von Nordosten
Der 1686 entstandene Chor steht in der Nachfolge der Moritzkirche in Halle/Saale. Die Konstruktion des mit schönem Fenstermaßwerk ausgestatteten 5/8-Polygons leitet sich von den Bettelordenskirchen ab und findet sich bei den meisten Pfarrkirchen des 14. und 15. Jahrhunderts. 1585–94 wurde der Chor von Giovanni Maria Nosseni durchgreifend umgestaltet. Die Strebepfeiler wurden durch die Hinzufügung von Sockeln, ionischen Kapitellen und pyramidenförmigen Fialen zu Pilastern umgedeutet.

dass das Werk im ausklingenden Mittelalters entstanden ist. Neben diesem wunderbar mit der fast barocken Helligkeit – die hier wie anderenorts daraus resultierte, dass man auf die Verwendung von Buntglas weitgehend verzichtete –, ja Heiterkeit des Raumes harmonierenden, zeitlos eleganten Gebilde erscheint die benachbarte Bergmannskanzel von 1638 fast schwerfällig. Hans Witten war zu Beginn des 16. Jahrhunderts einer der meistbeschäftigten Bildhauer Sachsens. Aus seiner Werkstatt stammen unter

anderem die Geißelsäule in der Chemnitzer Schlosskirche, einige Schlusssteine in der Annaberger Annenkirche, die Schnitzaltäre in der Ehrenfriedersdorfer Nikolaikirche und der Bornaer Katharinenkirche, einige kleinere Holzfiguren in der Pegauer Laurentiuskirche und der Grabstein des Dietrich von Harras in der Chemnitzer Stiftskirche. Seine bekanntesten und die Architektur der Bauten maßgeblichen mitprägenden Werke neben der Tulpenkanzel sind jedoch die Schöne Tür in Annaberg und vor allem das

Freiberg, Dom St. Marien, Gewölbeansicht Im Vergleich zur Leipziger Thomaskirche erscheint das 1509–14 entstandene Netzgewölbe des Freiberger Doms flächig und eingeebnet. Die Pfeiler haben keinen konstruktiven Bezug zum Geflecht der Gewölberippen mehr und wachsen gleich Fremdkörpern in die Raumdecke hinein, diese scheinbar durchstoßend.

Freiberg, Dom St. Marien, Innenraum nach Südwesten

Der Freiberger Dom ist ein Prototyp deutscher Spätgotik. Das ab 1484 von Johann und Bartholomäus Falkenwalt geschaffene Langhaus wird durch eine umlaufende Empore gegen den älteren Chor abgegrenzt. Die drei Schiffe sind gleich breit, die Joche annähernd quadratisch. Die infolgedessen weit auseinandergerückten schlanken, gekehlten Oktogonpfeiler werden optisch kaum als Blickbegrenzung wahrgenommen, sie betonen vielmehr die Offenheit und Weite des Raumes.

Freiberg, Dom St. Marien, Tulpenkanzel Die Freiberger Tulpenkanzel ist eines der kuriosesten und zugleich großartigsten plastischen Bildwerke des späten Mittelalters. Das 3,90 Meter hohe Werk wurde 1508–11 von Hans Witten, einem der bedeutendsten deutschen Bildhauer der Epoche, aus weißem Tonstein geschlagen. Zwischen den Blättern des tulpenförmigen Kelches befinden sich Portraits der vier Kirchenväter.

Freiberg, Dom St. Marien, Tulpenkanzel Unter den Treppenstufen und zwischen den Ranken des distelartigen Stängels erkennt man Bergmänner, Hunde und Putten, die in ihrer Lebendigkeit eine kaum noch mittelalterlich erscheinende »Modernität« zeigen.

Kamenz, Altstadt mit Franziskanerkirche und Rathaus Auf dieser Ansicht harmonieren die spätgotische Franziskanerkirche und das tudorgotische Rathaus.

1503–05 geschaffene Nordportal der Chemnitzer Schlosskirche, das 1975 aus denkmalpflegerischen Gründen ins Kircheninnere verlegt werden musste. Letzteres ist eine fast bis zur Traufhöhe reichende, von zwei Strebepfeilern und einem Rundbogen eingefasste Schaufront, in der sich zwischen dekorativ zurechtgebogenen Baumstämmen und Ästen eine Vielzahl lebensgroßer Statuen befindet, bei denen es sich überwiegend um eigenhändige Arbeiten Wittens handelt. Die übrigen wurden von Franz Maidburg bis 1525 ergänzt.

Im Zentrum des Ganzen erkennt man den sogenannten Gnadenstuhl, umgeben von musizierenden Engeln. Im Mittelfeld des zweiten Geschosses befindet sich eine Darstellung Mariens, die in den Seitenfeldern von den beiden Johannes sowie dem hl. Benedikt und der hl. Scholastika flankiert wird. Neben dem Portal befinden sich das kaiserliche Stifterpaar Lothar und Richenza sowie zwei Äbte. Das Chemnitzer Portal und die Tulpenkanzel sind die künstlerischen Höhepunkte der in der obersächsischen Spätgotik verstärkt zu beobachtenden Tendenz zur Umdeutung gotischen Maßwerks zu vegetabilen Schmuckformen. Der Erfinder dieses »Astwerkdekors« war jedoch nicht Witten, sondern der in Böhmen tätige Benedikt Ried, der unter anderem die spätgotischen Teile der Prager

Burg (Wladislawsaal, Böhmischer Landtag, Reitertreppe u.a.) und die Stadtkirche in Laun (Louny) schuf sowie die Barbarakirche in Kuttenberg (Kutná Hora) vollendete. Seine Bauten hatten maßgeblichen Einfluss auf die sächsische Architektur, und sein Schüler Jakob Heilmann von Schweinfurth wurde in Sachsen im frühen 16. Jahrhundert zu einem gefragten Baumeister. Ried schuf 1490–93 in einer Chorrandkapelle des Veitsdoms das sogenannte Wladislaw-Oratorium, eine Loge für den böhmischen König Wladislaw Jagiello, die bereits in ähnlicher Weise wie die Arbeiten Hans Wittens mit Astwerk, Skulpturen, Wappen und verschiedenen Herrschaftssymbolen ausgestattet ist.

Weitere herausragende Beispiele dieser Dekorationskunst findet man in Zwickau und Pirna. Ein überaus phantasievolles, jedoch in der kunsthandwerklichen Ausführung im Vergleich mit dem Chemnitzer Vorbild etwas gröber wirkendes Portal befindet sich an der Nordseite der Zwickauer Marienkirche. Die Fläche des konkav geschwungenen Wimpergs über dem kielbogigen Portal ist vollkommen mit wild verschlungenem Ästen überzogen,

Kamenz, Franziskanerkirche, Ansicht von Süden

Die 1493 bis 1507 errichtete Kamenzer Franziskanerkirche ist eine der wenigen neu erbauten Klosterkirchen der ausklingenden Spätgotik. Ihre Grundstruktur – turmloses, dreijochiges Langhaus mit abgesetztem polygonalen Saalchor – entspricht dem tradierten Muster der hochgotischen Bettelordensgotik.

Kamenz, Franziskanerkirche, Mittelschiff nach Osten

Das Innere mit den von schlanken Achteckpfeilern getragenen, raumübergreifenden Netzgewölben orientiert sich dagegen an den Stilvorgaben der zeitgenössischen bürgerlichen Pfarrkirchen.

Görlitz, Frauenkirche, Westportal Die Pfarrkirche der südlichen Vorstadt entstand im Wesentlichen zwischen 1449 und 1486. Die optische Dominante des Außenbaus ist das ungewöhnlich reich gestaltete Doppelportal in der Westfassade mit seinem Figurenschmuck (Verkündigung), den gedrehten Säulen, Kielbögen, krabbenbesetzten Fialen, Kreuzblumen und anderem.

aus denen sich zum Teil Menschenköpfe und furchterregende Ungeheuer entwickeln und zwischen denen man vielerlei Tiere (Affen, Katzen, Vögel u.a.) herumklettern sieht. Wie man auf Fotos in den Inventaren erkennt, wurde davon allerdings einiges erst im 19. Jahrhundert ergänzt. Am Chor der Pirnaer Marienkirche wachsen zwei freitragende Rippen in Form von Baumstämmen, an denen »Wilde Leute« emporklettern, in die fischblasenförmige Wölbung des mittleren Polygons hinein. Die entsprechenden Rippen des Langhauses wurden bedauerlicherweise im 18. Jahrhundert abgeschlagen. Nußbaum deutet dieses Motiv als Zeichen atavistischen mittelalterlichen Aberglaubens und glaubt damit die Auffassung, in diesen Bauten manifestiere sich die Gesinnung eines aufgeklärten

Görlitz, Frauenkirche, Innenraum Das Innere repräsentiert die obersächsische Spätgotik mit raumübergreifendem Netzgewölbe. Der Chor ist etwas breiter als das Mittelschiff. Die Ausstattung stammt aus der zweiten Hälfte des 19. Jahrhunderts.

Frühbürgertums, widerlegen zu können. Könnte es sich angesichts der Unbefangenheit, mit der die spätgotischen Baumeister derartige ikonographische Versatzstücke verwenden, nicht auch um die ironische Infragestellung solcher Beschwörungen dämonischer Mächte handeln?

In dem Maße, in dem vegetabile Elemente zunehmend Eingang in die Bauplastik fanden, wurde auch die Bemalung der Kirchenräume mehr und mehr von pflanzlichen Motiven geprägt. Auf den Gewölbekappen »fast aller nach der Leipziger Thomaskirche entstandenen Kirchen der westsächsischen Gruppe finden sich Ranken und botanisch bestimmbare Blumen und Früchte (Kamille, Distel, Kornblume, Klee, Lilie, Margarite, Wegwarte, Königskerze, Wein, Apfel u.a.)« (Magirius).

Görlitz, St. Nikolai, Choransicht Im Nordwesten der Altstadt – in der Nikolaivorstadt – befindet sich die ehemalige Hauptpfarrkirche von Görlitz. Der bestehende Bau entstand zwischen 1452 und 1515 nach Plänen von Wendel Roskopf d. Ä. auf den Fundamenten eines romanischen Vorgängerbaus.

Görlitz, St. Nikolai, Südportal Das Schaustück der im Inneren 1925 expressionistisch gestalteten Kirche ist das unvollendete Südportal mit bedeutendem Figurenschmuck. Ein Kreuzigungsrelief wird flankiert vom hl. Nikolaus und der hl. Katharina.

Im Gegensatz zu den Bauten der Hochgotik, bei denen Blattwerkkapitelle, -konsolen, -tympani mehr oder weniger nur dekorative Applikationen waren, wurde nun die Architektur selbst zum pflanzlichen Gebilde. Die sich wie Zweige scheinbar zufällig in unterschiedlicher Höhe aus den Pfeilern entwickelnden Rippen münden in Gewölbe, deren geschwungenes Formenspiel an das Blätterdach eines Waldes erinnert.

Von ähnlicher Raumaufteilung wie der Freiberger Dom war auch das Langhaus der 1760 durch das Bombardement König Friedrichs II. von Preußen zerstörten spätgotischen Dresdener Kreuzkirche, an deren Stelle sich heute ein

spätbarocker Nachfolgebau befindet. Die im Wesentlichen zwischen 1492 und 1499 erbaute Kirche war maßgeblich von Konrad Pflüger geprägt. Wie in Freiberg war der sterngewölbte Raum durch etwa gleich breite Schiffe und stark an das Quadrat angenäherte Joche geprägt. Anders als dort führte man die Emporen jedoch in Dresden nur entlang der Seitenschiffe und des Turmmassivs und gestattete so den Einblick in den älteren Saalchor.

Ebenfalls noch ins ausklingende 15. Jahrhundert fiel die Erweiterung des Bautzener Domes. Nachdem man das ursprünglich dreischiffige Langhaus bereits seit 1463 auf der Südseite um ein viertes Schiff erweitert hatte, erhielt

Görlitz, Heiliges Grab, Kreuzkapelle, Ansicht von Südosten
Am Rande der Nikolaivorstadt befindet sich ein einzigartiges spätmittelalterliches Architekturensemble. Zwischen 1481 und 1504 errichteten Conrad Pflüger und Blasius Börer hier zwei Kapellen und ein Salbhäuschen, die vom nicht mehr existierenden Heiligen Grab in Jerusalem inspiriert sind. Der Stifter war vermutlich der von einer Jerusalem-Wallfahrt heimgekehrte Görlitzer Bürgermeister Georg Emmerich.

der Bau 1492–97 seinen mit Rücksicht auf die umgebende Bebauung mit einem Knick ansetzenden Umgangschor sowie die einheitliche Netzwölbung, deren Schöpfer zwar nicht überliefert ist, die aber unübersehbar in parlerisch-pflügerscher Tradition steht. Die Oktogonpfeiler von denen es getragen wird haben noch keine gekehlten Flächen.

Obwohl häufig geschrieben wurde, der Freiberger Dom sei auch das unmittelbare Vorbild für den Neubau des Langhauses der Zwickauer Marienkirche gewesen, sind zwischen diesen Bauten doch grundlegende Unterschiede festzustellen. Der augenfälligste besteht in der Tatsache, dass die nur teilweise eingezogenen Strebepfeiler in Zwickau am Außenbau weitaus stärker in Erscheinung treten. Im Gegensatz zu den geglätteten Fronten des Freiberger Doms besitzt vor allem die Nordseite der Zwickauer Kirche, an der sich auch das erwähnte Portal befindet, eine üppig verzierte Schmuckfassade in der Art der Nürnberger Sebalduskirche. Die reiche Ausgestaltung selbst der zwischen den Strebepfeilern gelegenen Partien mit plastischem Maßwerkschmuck zeigt, dass man bestrebt war, ungegliederte Wandflächen zu vermeiden. Im 19. Jahrhundert wurde diese Schaufront stark verändert und vor allem um die Statuen in den Strebepfeilernischen ergänzt. Auch die Figuren an der Westseite des Baus – die »Törichten Jungfrauen« u.a. – entstammen durchweg dem 19. Jahrhundert.

Insgesamt fällt auf, dass der von Gerstenberg als konstitutives Wesensmerkmal sondergotischer Kirchen genannte Einzug des Strebewerks – erstmals in Amberg verwirklicht – in Obersachsen nur bei einem einzigen Bau, nämlich in Annaberg, anzutreffen ist. Bei den meisten ist es nur teilweise nach innen gezogen, bei der Pirnaer Marienkirche sind die Strebepfeiler sogar völlig den Außenwänden vorgestellt.

Ungeachtet der vereinheitlichenden Fassaden- und Gewölbegestaltung des 16. Jahrhunderts ist auch heute noch zu erkennen, dass der bestehende Bau der Zwickauer Marienkirche in mehreren Phasen entstanden ist. Der vom Langhaus durch einen triumphbogenförmigen Einschnitt

Görlitz, Heiliges Grab, Kreuzkapelle Der größte Bau im »Lausitzer Jerusalem« ist eine Doppelkapelle. Im Untergeschoss befindet sich die netzgewölbte Adamskapelle mit dem nachgebildeten Felsspalt im Ostpfeiler.

abgesetzte, 1453–70 errichtete Chor ist etwa fünfzig Jahre älter als dieses, erhielt seine heutige Wölbung jedoch erst nach Vollendung des Langhauses. Dieses wurde 1505–37 von Nickel Eichhorn, Peter Harlaß und Caspar Teicher erbaut. Chorgewölbe und -pfeiler entstanden 1563–65 nach Plänen von Philipp und Nickel Hofmann. Nickel Hoffmann war zuvor (1530–54) bereits mit der Wölbung der Marktkirche in Halle/Saale betraut worden. Obwohl im »Dehio« die Vermutung ausgesprochen wird, der Chor sei als Umgangschor angelegt worden, ist dies angesichts der ungewöhnlichen Brechungsverhältnisse der Außenwand (5/15) zumindest fraglich. Während die Seitenschiffe im Chor durch die nachträgliche Angleichung der Pfeilerstellung an das Langhaus deutlich schmaler sind als das Mittelschiff, haben sie im Langhaus etwa die gleiche Breite wie dieses. Dennoch hat man sich gegenüber Freiberg wieder deutlich vom »angestrebten Ideal« des richtungslosen Einheitsraumes entfernt. Durch die wieder deutlich gestreckten, queroblongen Joche rücken die wesentlich kräftigeren Pfeiler dichter zusammen und bilden einen

optischen Paravent, der die Blicke unwillkürlich zum Chorraum lenkt. Die Empore wird im Chor unterbrochen. Dieser wird, obgleich seine Umfassungsmauer gegenüber den tradierten Konstruktionen merklich abgeflacht ist, in der Hauptansicht letztlich wie ein polygonaler Saalchor oder wie das mittlere Polygon einer triapsidialen Anlage wahrgenommen. Das architektonisch bemerkenswerteste Element des Innenraums ist die vermutlich von Jakob Heilmann entworfene doppelläufige Wendeltreppe im südlichen Seitenschiff, die auf zwei separaten Stiegen den Zugang zur Empore und zum Dachboden ermöglicht. Sie zeigt bereits die parallelogrammförmigen Fensteröffnungen, die ein charakteristisches Kennzeichen der meisten Renaissancetreppenhäuser sind.

Das Netzmuster des Gewölbes weist trotz merklicher Verkomplizierung noch weitgehende Übereinstimmung mit dem der Görlitzer Peter- und Paulskirche auf. Für das auch in Freiberg formal noch nicht völlig gelöste Zusammenspiel von Pfeiler und Wölbung wurde in Zwickau erstmals eine verbindliche und von den wichtigsten Folgebauten

Görlitz, Heiliges Grab, Kreuzkapelle Weitaus lichter und weiträumiger erscheint die sterngewölbte Golgathakapelle im Obergeschoss mit reichen Maßwerkfenstern und kunstvoll überstabten Gewölberippen.

Görlitz, Heiliges Grab, Ansicht von Südosten Das etwas südlich gelegene eigentliche Heilige Grab ist der vermutlich authentischste Bau seiner Art in Mitteleuropa und vermittelt einen guten Eindruck von dem, was die Jerusalem-Pilger im 15. Jahrhundert vorfanden. Die orientalisierende Architektur ist mit den »Siegeln des Pilatus« geschmückt und enthält unter dem Kuppeltürmchen das leere Grab Christi mit der bei der Auferstehung geborstenen Grabplatte.

adaptierte Lösung gefunden. Die Gesamtwölbung erscheint hier als eingeebnete, tonnenförmige Fläche, die sich in flachen Trichtern zu den Achteckpfeilern herabsenkt. Selbst der Triumphbogen ist beinahe rundbogig. Die Rippen entwickeln sich völlig ansatzlos als schmale Grate in unterschiedlicher Höhe sowohl aus den Flächen als auch aus den Kanten der Pfeiler; ihre sichtbaren Teile wachsen, diese scheinbar durchstoßend, in die Gewölbekappen hinein.

Die Zwickauer Empore ruht ebenso wie die Freiberger und die der meisten bedeutenden zeitgenössischen Bauten in Sachsen und anderenorts (Schneeberg, Brüx, Zweibrücken, Königswiesen u.a.) auf Rundbögen. Ihr aller Vorbild – die Empore der Amberger Martinskirche – wird noch von weit ausladenden Spitzbögen getragen. Tendenziell lässt sich feststellen, dass sich die Profile der Spitzbögen in dieser Epoche ebenso wie die Gewölbescheitel tatsächlich immer mehr abflachten und dem Rundbogen annäherten. Am deutlichsten ist diese Entwicklung an den Fenstern zu erkennen, die in Annaberg, Pirna und Schneeberg beinahe und in Chemnitz oder Marienberg völlig rundbogig sind.

Auch die Portale schlossen sich wie etwa bei der Görlitzer Frauenkirche oder der Chemnitzer Schlosskirche dieser Entwicklung an.

Obwohl die häufig als Prototyp spätgotischen obersächsischen Kirchenbaus benannte Annaberger St. Annenkirche keinesfalls in allen Belangen dem vermeintlichen »Idealbild« entspricht, ist sie doch der künstlerisch ausgereifteste Exponent dieses Genres in Sachsen. Mit dem Bau der flächenmäßig größten erzgebirgischen Halle wurde im Jahre 1499 wiederum zunächst nach Plänen von Konrad Pflüger begonnen. Da der Bau zeitgleich mit der ihn umgebenden, erst nach der Entdeckung der Erzgänge im Schreckenberg 1496 gegründeten Stadt entstand, brauchte man keinerlei Rücksichten auf die Grundmauern eventueller Vorgängerbauten zu nehmen; bis zur Vollendung des bestehenden Baus bediente man sich eines provisorischen hölzernen Baus, der bis 1512 im heutigen Kirchenschiff stand. Pflüger entschied sich für eine triapsidiale Anlage nach dem Muster der Görlitzer Peter- und Paulskirche.

Da zumindest der Grundriss des dreischiffigen, von zwölf Pfeilern getragenen Baus wohl noch vollständig auf Pflüger zurückgeht, waren die aus diesem resultierenden Neuerungen wie der vollständige Einzug der seitlichen Strebepfeiler und die entsprechend geglätteten Fassaden, die merkwürdig gesonderte Stellung des Turmes oder die auffällige Schrägstellung der Westfront von vornherein von diesem angelegt. Angesichts der vollkommenen Symmetrie des übrigen Baus ist davon auszugehen, dass es sich bei letzterem keinesfalls um eine bautechnische Unzuläng-

Görlitz, Heiliges Grab, Portal
Das spitzbogige Gewändeportal mit den überstabten Diensten lässt erkennen, dass der Bau nicht im Orient, sondern um 1500 in der Oberlausitz entstand.

Görlitz, St. Peter und Paul, Ansicht von Südosten
Von imponierender Wirkung ist die rein spätgotisch geprägte Ostfassade über aufwändigen Substruktionen auf dem Steilufer der Neiße. Die Besonderheit der architektonischen Gestaltung sind die separaten polygonalen Abschlüsse der drei Schiffe (Triapsidialchor). Die beiden über ein eigenes Pultdach verfügenden äußeren Seitenschiffe wurden nachträglich angefügt.

lichkeit, sondern um einen absichtsvollen Bruch mit der Tradition handelt, der wohl im Zusammenhang mit der angestrebten »Richtungslosigkeit« des Raumes und dem Bedeutungsverlust der Westfassade zu sehen ist. Auch die zwischen die Strebepfeiler gefügten, im Chor unterbrochenen Emporen waren bereits von Pflüger projektiert.

1508 trat Peter Ulrich von Pirna, Hauptbauleiter der Pirnaer Marienkirche und der Lommatzscher Stadtpfarrkirche, die Nachfolge von Konrad Pflüger an. Unter seiner bis 1513 währenden Leitung wurden das Umfassungsmauerwerk bis zur Traufhöhe sowie die quadratischen Turmgeschosse aufgeführt. Auch die Emporenwölbungen entstanden wohl noch nach Plänen Peter Ulrichs. Der Kirchenraum verdankt sein Erscheinungsbild jedoch in der Hauptsache dem ab 1515 tätigen Jakob Heilmann von Schweinfurt, einem Schüler Benedikt Rieds. Er ist vor allem der Schöpfer des von 1517–20 geschaffenen, raumüberspannenden Schlingrippengewölbes, das vielleicht die genialste Schöpfung spätgotischen deutschen Gewölbebaus ist und dem die Beeinflussung durch den böhmischen

Görlitz, St. Peter und Paul, Ansicht von Südwesten Kaum ein Sakralbau dominiert das Stadtbild in dem Maße wie diese größte spätgotische Kirche in Sachsen. Der fünfschiffige Bau entstand 1423 bis 1497. Die im Kern noch romanische Westfassade kulminiert seit 1891 in zwei eindrucksvollen neogotischen Turmhelmen.

Görlitz, St. Peter und Paul, Mittelschiff nach Osten Ungeachtet der modernen Disposition ist St. Peter und Paul in traditioneller Weise zum Sanktuarium hin orientiert. Wohl kein anderer Sakralbau im heutigen Sachsen zeigt eine derartige Vertikalität.

Lehrmeister unschwer anzusehen ist. Von Heilmann stammen auch die beiden dreiseitig schließenden und wie Seitenchöre erscheinenden Sakristeien, die sich oberhalb des Emporenniveaus zu den Seitenschiffen hin öffnen und in denen sich die Reliquien der vormaligen Wallfahrtskirche befinden.

Das Äußere der Annenkirche ist denkbar reduziert. Vor allem die Fronten der Seitenschiffe entbehren dadurch, dass die Pfeiler vollständig eingezogen sind, nahezu jeglicher Gliederung. Die Fenster sind von unprofilierten Laibungen eingefasst und ruhen auf schrägen Kaffgesimsen. Lediglich der Chor wirkt durch die vorgeblendeten, dreifach gestuften Strebepfeiler etwas lebhafter. Der am Südwestende des Baus stehende, halb eingezogene wuchtige Turm mit der noch bewohnten Türmerwohnung zeigt mit seinem auf einem bis über den First ragenden quadratischen Sockel ruhenden, 1532 vollendeten Oktogon das schmucklose Erscheinungsbild spätgotischer sächsischer Kirchtürme. Die heutige Natursteinfassade der Kirche ist ein Ergebnis der Restaurierungsarbeiten von 1927/28 – ursprünglich befanden sich die groben Putzsteinquader unter einer Putzschicht.

Ein stärkerer Gegensatz als der zwischen dem kargen Außenbau der Annenkirche und ihrem prächtig gestalteten Inneren ist kaum vorstellbar. Das Konstruktionsschema des den Raum prägenden Schlingen-(Schleifstern-)gewölbes orientiert sich zumindest im Mittelschiff weitgehend am Modell der Kuttenberger Barbarakirche, bietet jedoch in den Seitenschiffen eine ausgereiftere Lösung. Nirgendwo in Sachsen tritt uns das Vegetabile in der spätgotischen Architektur so unmittelbar entgegen wie in diesem in ständiger Bewegung begriffenen Formenspiel der sich gegenseitig auf gewundenen Bahnen durchdringenden, scheinbar im Nichts verschwindenden und unvermittelt wieder auftauchenden Gewölberippen, die sich zu phantastischen Blütenformen entwickeln und in üppigen, teilweise von Hans Witten geschaffenen Schlusssteinen kulminieren. Trotz des überaus lebendigen Gesamteindrucks besteht die Wölbung in der Hauptsache aus zwei jeweils siebenfach wiederholten Grundmotiven, die in perfektem Rapport aufeinander abgestimmt sind. Die meisterhafte technische Beherrschung des Materials zeigt sich in virtuos-spielerischen Details wie dem wohl von der Wölbung der südlichen Portalvorhalle des Prager Veitsdoms inspirierten

Görlitz, St. Peter und Paul, Gewölbe Die Wölbung entstand 1495–97 unter Leitung Konrad Pflügers. Das Netzgewölbe, dessen Form von der Wölbung des Prager Doms beeinflusst und das nicht durch Gurtbögen und Arkaden unterbrochen ist, fasst alle Schiffe und Joche zu einer Einheit zusammen. Die Pfeiler laufen hier bereits übergangslos in die Gewölberippen.

Görlitz, St. Peter und Paul, Langhaus Diagonalblick durch den Pfeilerwald einer fünfschiffigen Staffelhalle. Das Ziel, den Besucher zu beeindrucken, ist bei diesem 27 Meter hohen Monumentalbau zweifellos erreicht.

hängenden Schlussstein in der südlichen Sakristei, den menschliche Köpfe darstellenden Konsolen oder den sich aus den Gewölberippen entwickelnden Heiligenfiguren in den Seitenschiffen.

Den aus mehr als hundert steinernen Reliefs bestehenden Zyklus mit Darstellungen aus dem Alten und Neuen Testament auf den Emporenbrüstungen schuf Franz Maidburg 1520–22. Von Maidburg stammt auch das 1518 entstandene, gleichfalls mit Reliefs verzierte Portal an der alten Sakristei, das als erste bildhauerische Renaissanceschöpfung Sachsens gilt. Das künstlerische Prunkstück der Kirche ist jedoch die 1512 von Hans Witten geschaffene sogenannte Schöne Tür. Sie befand sich ursprünglich in der zeitgleich mit der Annenkirche erbauten Annaberger Franziskanerkirche und wurde, nachdem diese baufällig geworden war, im Jahre 1577 an ihren heutigen Standort im nördlichen Seitenschiff der Annenkirche verlegt. Da auch das albertinische Sachsen seit 1539 protestantisch war, mussten »einige abgöttische Bilder daran geändert werden«. Im Zentrum des Kielbogenwimpergs oberhalb des Portals steht der beiderseits von Engeln flankierte Gnadenstuhl. In den Nischen beiderseits des Türbogens erkennt man die betende Jungfrau Maria und den hl. Franz von Assisi. Die auf dem Abschlussgesims platzierten Darstellungen von Adam, Eva, Moses und Johannes dem Täufer wurden 1577 zwecks Anpassung an die protestantische Liturgie hinzugefügt. Das einzigartige Meisterwerk, das sich weit über alle entsprechenden zeitgenössischen Werke erhebt, präsentiert sich heute in der polychromen Fassung von 1884, die dem ursprünglichen Aussehen nahekommen dürfte.

An der Annenkirche vollzog sich auch ein tiefgreifender Bruch mit den Bautraditionen des Mittelalters. Jakob Heilmann konnte sich im »Annaberger Hüttenstreit« 1518 gemeinsam mit Benedikt Ried gegen die für die sächsischen Kirchenbauprojekte zuständige Magdeburger Bauhütte durchsetzen und sich entgegen der alten Zunftordnung das Recht erkämpfen, auch solche Steinmetzen und Bildhauer zu beschäftigen, die nicht in einer Bauhütte ausgebildet worden waren. Eine derartige Gewerbefreiheit ist bekanntermaßen bis heute durchaus nicht selbstverständlich.

Im böhmischen Brüx (Most) hatte Jakob Heilmann ab 1517 Gelegenheit, die neue Dekanalkirche nahezu vollständig nach seinen Vorstellungen zu erbauen. Da die Strebepfeiler hier auch in dem fünfseitigen, von der Empore durchzogenen Chor nach innen gezogen und die Joche weitgehend dem Quadrat angenähert sind, die Schiffe gleich breit sind und das Gewölbenetz nochmals verdichtet ist, erscheint die »sondergotische« Konzeption gegenüber Annaberg noch konsequenter zu Ende gedacht.

Stärker als andere spätgotische Kirchen Sachsens ist die seit 1484 spätgotisch erneuerte ehemalige Chemnitzer Benediktinerkirche (Schlosskirche) vom Formenschatz der Annaberger Annenkirche beeinflusst. Da der Grundriss im Wesentlichen von den Vorgängerbauten bestimmt ist, trifft man hier noch auf das Querschiff und die Nebenapsiden einer romanischen Kirche und das im Kern frühgotische 5/8-Chorpolygon. Auch die Tatsache, dass das Mittelschiff fast doppelt so breit ist wie die Seitenschiffe, erklärt sich

Görlitz, St. Peter und Paul, Westportal Obwohl St. Peter und Paul vor allem von der Bautätigkeit des 15. und des 19. Jahrhunderts geprägt ist, haben sich am Westbau noch bedeutende Reste der romanischen Vorgängerkirche erhalten. Das um 1230 entstandene Westportal mit reich verzierten Archivolten ist neben der Goldenen Pforte des Freiberger Doms das bedeutendste seiner Art in Sachsen und eines der schönsten im deutschen Sprachraum.

durch die Verwendung der Fundamente der romanischen Basilika. Ihr heutiges Erscheinungsbild erhielt die Schlosskirche weitgehend unter dem Baumeister Andreas Günther. Nach dessen Plänen wurde 1514–26 das Querschiff um- und das Langhaus neu gebaut. Das Gewölbe zeigt ähnliche Schlingrippenformen wie in Annaberg, ist aber in der handwerklichen Ausführung gröber. Die vergleichsweise kräftigen, zweifach gekehlten Rippen laufen in die konkav genischten Oktogonpfeiler, ohne sich zu verjüngen. Den eher eckig erscheinenden Gewölbeschwüngen fehlt die Leichtigkeit des Vorbildes. Eine Empore befindet sich nur im nördlichen Seitenschiff, in dem die Strebepfeiler teilweise eingezogen sind.

Die chronologisch nächste große erzgebirgische Halle ist die laut Inventaren 1502 oder 1504 begonnene Pirnaer Marienkirche. Eine solche chronologische Einordnung ist allerdings fragwürdig, insofern die hier behandelten Schlüsselbauten fast alle in den ersten zwei Jahrzehnten des 16. Jahrhunderts entstanden sind und die gegenseitige Beeinflussung mit Händen zu greifen ist. Über die Pirnaer Kirche hatte Gerstenberg geschrieben, dass »man zwar eine so klare Ausprägung des sondergotischen Gedankens wie in Annaberg vermissen wird, sich aber Punkte aufweisen lassen, in denen sie hinsichtlich der Raumvereinheitlichung noch über Annaberg hinausgeht«. Gemeint ist damit, dass die Pirnaer Kirche keine eingezogenen Strebepfeiler besitzt und Emporen in der ursprünglichen Konzeption nicht vorgesehen waren. Sie wurden im Norden und Westen um 1570, im Süden erst 1890 ergänzt. Indessen sind die Schiffe in der Breite einander weitgehend angeglichen, und der triapsidiale Chor erscheint gegenüber Annaberg infolge der nur zweiseitigen Nebenapsiden stark verkümmert und eingeebnet. Auch fällt auf, dass die Mittelschiffjoche in Pirna deutlich vom Quadrat entfernt sind.

Das 1540–43 entstandene Gewölbe erscheint gegenüber dem in Annaberg in der Grundanlage konservativ. Über seinen Schöpfer herrscht keine Klarheit; in den Inventaren von 1929 äußert Bachmann jedoch die Vermutung, dass der Steinmetz Markus Ribisch aus Dresden nach dem Tode Peters von Pirna im Jahre 1513 die Bauleitung übernom-

Görlitz, St. Peter und Paul, Südportal
Ein spätgotisches Pendant findet sich an der Südfassade der Kirche – heute der Haupteingang. Ebenso wie das nördliche befindet sich das 1553 entstandene Südportal unter einem von einer ionischen Säule getragenen rippengewölbten Vordach.

Görlitz, St. Peter und Paul, Kämpferskulptur Die Görlitzer Hauptpfarrkirche verfügt über reichen, teilweise auch figürlichen plastischen Bauschmuck wie etwa die Kämpferskulpturen in der Südwestkapelle.

Zwickau, Dom St. Marien, Ansicht von Südosten Die aufwändig gestaltete Chorfassade der ab 1453 neu errichteten Zwickauer Marienkirche ist im Gegensatz zu den meisten anderen Erzgebirgshallen reich mit gotischem Bauschmuck versehen. Der Leipziger Baustadtrat Oskar Mothes ließ 1885–91 einige Ergänzungen wie die umlaufende Attika oder die schlanken Fialen vornehmen.

men hat. Während sich das engmaschige Netzgewölbe des Mittelschiffes noch am Modell der Leipziger Thomaskirche orientiert – wenn auch in stark verkomplizierter Form –, findet man in den Seitenschiffen eine Abfolge einfacher Gewölbesterne. Auch die für den Übergang von Pfeiler zu Gewölbe gefundene Lösung wirkt, obgleich künstlerisch überzeugend, vergleichsweise schematisch. Indem alle Gewölberippen in gleicher Höhe und Stärke ansetzen, ist man hier von der in Zwickau entwickelten »vegetabilen« Gestaltungsweise entfernt. Gleichwohl findet man in Pirna Details, die den rein dekorativen Charakter der Wölbung noch demonstrativer zur Schau stellen als die Schleifensterne der Annaberger Wölbung. Neben den erwähnten Freirippen mit daran empor kletternden »wilden Männern und Frauen« findet man in der nördlichen Nebenapsis eine »Hobelspanrippe« und zwei »Schleifenrippen«, die sich – aus den Wanddiensten entwickelt – völlig frei durch den Raum winden und schließlich in die Gewölberippen einmünden. Wie die Annaberger besitzt auch die Pirnaer Kirche auf der Nordseite eine Sakristei mit einem darüber liegenden, zum Schiff hin geöffneten »kleinen Chor«. Das bereits 1516 vollendete Gewölbe der Sakristei zeigt ähnliche Schlingenformationen wie die Bauten Benedikt Rieds und Jakob Heilmanns.

Der unverputzte, aus Elbsandstein bestehende Außenbau entspricht mit seinen vorgeblendeten gestuften Strebepfeilern, den von profilierten Fassungen gerahmten reichen Maßwerkfenstern, dem geschwungenen triapsidialen Abschluss und dem bereits in Firsthöhe zum Zwölfeck übergeleiteten, durch Fensteröffnungen aufgelockerten Turm noch eher dem tradierten Bild einer gotischen

Zwickau, Dom St. Marien, Mittelschiff Die West-Ost-Ansicht offenbart die Einheitlichkeit und Weitläufigkeit des zwischen 1506 und 1537 errichteten Raums. Da die Pfeiler schmale, queroblonge Joche bilden und sehr dicht beieinanderstehen, besitzt das Zwickauer Langhaus nicht die Offenheit etwa der Schneeberger Wolfgangkirche.

Halle als die Annaberger Kirche und ihre erzgebirgischen Nachfolgebauten. Die jeglicher Gliederung entbehrende monumentale Westfront lässt indessen deutlich erkennen, welcher Epoche der Bau entstammt. Die Asymmetrie der Nordwand rührt daher, dass die Fundamente der drei östlichen Joche noch von der Vorgängerkirche stammen. Bauplastische Details wie die Überstabungen der kielbogigen Tür zum Treppenturm an der Südseite zeigen die auch an vielen spätgotischen Pirnaer Bürgerhäusern verbreitete Formensprache Arnolds von Westfalen.

Zwickau, Dom St. Marien, Gewölbeansicht Das präzise gearbeitete Gitterwerk des Netzgewölbes im Langhaus entstand 1535–37.

Hinter der wuchtigen romanischen Doppelturmfront der Geithainer Nikolaikirche befindet sich heute das dreischiffige Langhaus einer seit 1504 errichteten fünfjochigen spätgotischen Halle, deren 5/8-Chor noch dem 14. Jahrhundert entstammt. Da die Grundrissgestaltung ebenso wie in Chemnitz vom Vorgängerbau bestimmt war, findet man auch hier keine »sondergotischen« »Idealmaße«. Dennoch hätte zumindest die Wölbung an das offensichtlich zum Vorbild genommene Annaberger Modell heranreichen können – wenn sie denn vollendet worden wäre. Aus nicht bekannten, wohl wirtschaftlichen Gründen kamen die Arbeiten jedoch zum Stillstand und wurden erst im letzten Jahrzehnt des 16. Jahrhunderts wieder aufgenommen. In spätgotischer Zeit gelangten lediglich die Oktogonpfeiler und die Ansätze der Gewölberippen zur Ausführung – sie tragen heute die Arkaden und die 1594/95 von Andreas Schilling aus Freiberg bemalte flache Renaissancedecke. Die heute mit Eisenreifen ummantelten und zu Kapitellen

Zwickau, Dom St. Marien, Nordportal
Hauptschaustück der Kirchenfassade ist die Portalzone auf der Nordseite. Der Wimperg über dem Kielbogen des Portals, dessen Schöpfer nicht überliefert ist, zeigt phantasievoll gestaltete Astwerk-Ornamentik in der Tradition des Prager Wladislawsaals von Benedikt Ried. Die flankierenden Skulpturen wurden im 19. Jahrhundert ergänzt.

Zwickau, Dom St. Marien, Hauptaltar Der Zwickauer Hochaltar ist einer der wenigen seiner Art, von dem Schöpfer und Entstehungszeit überliefert sind. Michael Wohlgemut aus Nürnberg und seine Schüler schnitzten ihn 1479.

umgedeuteten Gewölbeansätze zeigen jedoch mit ihrem kühn überstabten Rippenprofilen, dass hier offensichtlich Großes geplant war.

Die Geithainer Nikolaikirche war nicht der einzige Bau, dessen Inneres nicht zur Vollendung gelangte. Die ab 1476 errichtete und 1515 geweihte Frauenkirche in Penig erscheint äußerlich als stattliche, in einem 7/12-Polygon kulminierende Halle mit schönen Maßwerkfenstern und einem auf der Nordseite angefügtem Turm. Da es in spätgotischer Zeit jedoch lediglich zur Aufführung der Umfassungsmauern kam, präsentiert sich der Innenraum heute als überdimensionierter ungeteilter Saal unter einer bemalten Holzdecke von 1688.

Es bedarf einiger Fantasie, den spätgotischen Kern des 1784–97 von Johann Friedrich Karl Dauthe und Adam Friedrich Oeser im Empirestil umgestalteten Innenraums der Leipziger Nikolaikirche zu erkennen. Das Langhaus war ursprünglich ein typischer, wenn auch eher konventioneller Bau der »Erzgebirgsschule«, entstanden 1513–26 unter Leitung von Benedikt Eisenberg. Die Wölbung scheint ebenso wie die Grundrissdisposition noch stark von den Bauten Konrad Pflügers beeinflusst gewesen zu

H.E.

Zwickau, Dom St. Marien, Pietà Die heute im nördlichen Seitenschiff untergebrachte Pieta des Zwickauer Bildschnitzers Peter Breuer von 1502 ist ein berührendes Werk am Übergang vom Spätmittelalter zur frühen Neuzeit.

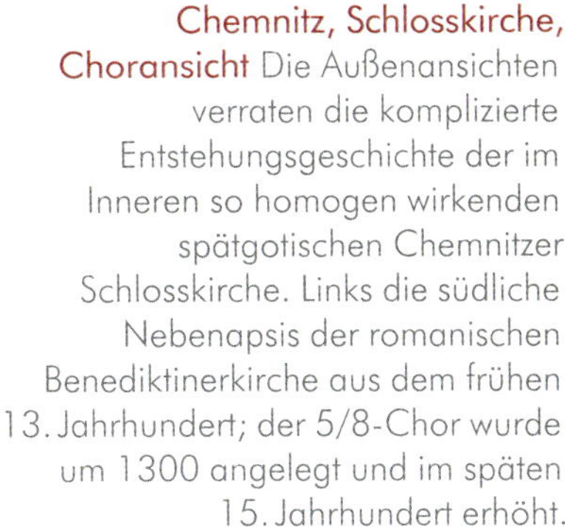

Chemnitz, Schlosskirche, Choransicht Die Außenansichten verraten die komplizierte Entstehungsgeschichte der im Inneren so homogen wirkenden spätgotischen Chemnitzer Schlosskirche. Links die südliche Nebenapsis der romanischen Benediktinerkirche aus dem frühen 13. Jahrhundert; der 5/8-Chor wurde um 1300 angelegt und im späten 15. Jahrhundert erhöht.

sein. Zwar haben die Joche noch die gleiche queroblonge Form wie die der benachbarten Thomaskirche, doch sind die Seitenschiffe hier erstmalig sogar geringfügig breiter als das Mittelschiff. Während die Chorwölbung vollständig hinter einer stuckverzierten Holzdecke verschwunden ist, beließ man die Rippen des Netzgewölbes im Langhaus als Bestandteil der klassizistischen Kassettendecke. Die Oktogonpfeiler verschwanden hinter ägyptisierenden kannelierten Gipssäulen mit lorbeerbekränzten Kapitellen, aus denen sich stuckierte Palmwedel entwickeln. Das frühklassizistische Interieur der Nikolaikirche ist von derart hoher künstlerischer Qualität, dass wohl nur wenige Puristen dem verlorenen mittelalterlichen Erscheinungsbild nachtrauern.

Mit der Errichtung der unter dem Gesichtspunkt der Raumvereinheitlichung am weitesten entwickelten obersächsischen Pfarrkirche wurde im Jahre 1515 in Schneeberg begonnen. St. Maria und St. Wolfgang steht an der

Chemnitz, Schlosskirche, Mittelschiff nach Osten Die Chemnitzer Schlosskirche verdankt ihr heutiges Erscheinungsbild wesentlich den Bauarbeiten der Jahre 1514–26. Ihr Grundriss ist jedoch noch vom romanischen Vorgängerbau beeinflusst, von dem außer den Nebenapsiden das Querschiff mit ausgeschiedener Vierung erhalten ist.

Chemnitz, Schlosskirche, Gewölbeansicht Das Gewölbe zeigt ein durch die Annaberger Annenkirche inspiriertes Schlingrippenmuster, erreicht jedoch nicht ganz die spielerische Eleganz des Vorbildes.

Stelle einer provisorischen Holzkirche, die 1477 – sechs Jahre nach Gründung der Stadt – erbaut worden war. Der weitgehend in nur elf Jahren unter Leitung von Hans von Torgau und Fabian Lobwasser geschaffene dreischiffige Bau besteht aus einem fünfjochigen Langhaus und einem aus vier Seiten des Sechszehnecks gebildeten Chor. Vollendet wurde die Kirche erst mit dem Einbau der Emporenbrüstungen durch Wolff Riediger in den Jahren 1536/37.

Die Langhausjoche sind vollkommen quadratisch, die zehn Achteckpfeiler mithin äquidistant! Der Ostabschluss zeigt zwar ähnliche geometrische Verhältnisse wie der des Zwickauer Doms, erscheint aber infolge der geweiteten Seitenschiffe diesem gegenüber nochmals abgeflacht und wird, da ihn die nicht unterbrochene Empore durchschneidet und entsprechend auch seine Fensterfront in zwei Hälften teilt, im traditionellen Sinne kaum mehr als Chorpartie wahrgenommen. Die Tatsache, dass sich unterhalb der Emporen Vorhangbogenfenster befinden, ist insofern interessant, als diese von Arnold von Westfalen bei der Albrechtsburg eingeführte Fensterform zwar zum konstitutiven Merkmal der spätgotischen sächsischen Profanarchitektur wurde, im Kirchenbau jedoch anders als in Böhmen so gut wie nie auftaucht. Die Fortsetzung der Emporen im Chorraum wird in den Inventaren interessanterweise noch

Chemnitz, Schlosskirche, Nordportal
Die Prunkstücke dieses architektonischen Kleinods sind die Hauptwerke von Hans Witten. Das einstige Hauptportal wurde in Jahren 1973–80 zum Schutz vor Umwelt- und Witterungseinflüssen ins Innere verlegt.

Chemnitz, Schlosskirche, Nordportal (Detail) Die von reichem Astwerk gerahmte und mit lebensgroßen Skulpturen geschmückte Schauwand wurde 1503 von Hans Witten begonnen und zweiundzwanzig Jahre später von Franz Maidburg vollendet. Im Zentrum befindet sich unter dem Gnadenstuhl Maria mit dem Kind, flankiert von den beiden Johannes und den hll. Benedikt und Scholastika. Die beiden Figuren in der Erdgeschosszone neben dem Portal zeigen das kaiserliche Stifterpaar Lothar und Richenza.

als eine mit »Rücksicht auf den Predigtgottesdienst getroffene und durch die 1534 erfolgte Einführung der Reformation notwendig gewordene Einrichtung« interpretiert. Dennoch lässt sich gerade in Schneeberg nicht übersehen, dass die Anlage einer umlaufenden Empore hinsichtlich der angestrebten »sondergotischen« Raumwirkung zu einem zwiespältigen Ergebnis führt. Während sie einerseits für eine Betonung der Horizontalen sorgt und der Chor-

raum durch sie seinen hervorgehobenen Status einbüßt, bewirkt sie andererseits eine optische Verringerung der Breite der Seitenschiffe im Verhältnis zum Mittelschiff. Andererseits zeigt die Tatsache, dass beispielsweise das Mittelschiff der 1529–54 errichtete Marktkirche in Halle/Saale (Sachsen-Anhalt) – diese gilt allgemein als der am weitesten entwickelte und auf die Ausbildung einer Chorpartie völlig verzichtende Bau dieses Genres – mehr als die doppelte Breite der Seitenschiffe einnimmt, dass eine »Gleichwertigkeit« der Schiffe keinesfalls überall intendiert war.

Die Raumwirkung in Schneeberg ist gegenüber Zwickau auch insofern grundlegend anders, als anstelle eines Fensters hier ein Strebepfeiler in die Mitte gerückt ist und die Stirnseite des Mittelschiffs damit eines zentralen Blickfangs entbehrt. Diese Form der Übereckstellung

Chemnitz, Schlosskirche, Geiselsäule Auch die heute im nördlichen Querschiffarm aufgestellte Geiselsäule weist mit ihrem Naturalismus weit über die Plastik des Mittelalters hinaus. Hans Witten schuf das 3,60 Meter hohe Werk um 1515.

gilt seit Peter Parler (Bartholomäuskirche Kolin/Kolín) und Hans Stethaimer (Heiliggeistkirche Landshut, Franziskanerkirche Salzburg) als »typisch deutsche« Methode der Raumverunklärung durch Arhythmisierung und Aufhebung des Parallelismus. Der gesamte Innenraum wird von einem einheitlichen, geschwungenen Sterngewölbe überfangen, das zwar seinen offensichtlich angestrebten Zweck der Raumvereinheitlichung erfüllt, jedoch baukünstlerisch mit den Schöpfungen in Annaberg, Pirna u.a. nicht konkurrieren kann und – absichtlich? – eher schematisch erscheint. Bei der Gestaltung der Gewölbeanfänger orientierte man sich nicht an der »vegetabilen« Annaberger Variante, die später in Halle/Saale aufgegriffen wurde, sondern am einfacheren Pirnaer Modell. Der Außenbau der Kirche – der in den Inventaren als schmucklos und jeglicher Gliederung entbehrend bezeichnet wird – wirkt, da die Strebepfeiler nur teilweise eingezogen sind, nicht so geglättet wie jener in Annaberg. Da in Schneeberg 1534

Chemnitz, Schlosskirche, Hauptaltar Der heute im Chor aufgestellte Altar stammte ursprünglich aus der nicht mehr existierenden Großenhainer Katharinenkirche und wurde 1499 vermutlich von Pankratius Grueber geschaffen. Im Vergleich zur Ausdruckskraft eines Hans Witten erscheint das Werk bei aller Kunstfertigkeit spätmittelalterlich stereotyp.

die Reformation eingeführt wurde, wurde die Wolfgangkirche nach ihrer Fertigstellung wie viele zeitgenössische Bauten bereits protestantisch geweiht.

Der letzte bedeutende Kirchenneubau im Erzgebirge war die Marienkirche im 1521 als Tochtergemeinde vom rund fünfzehn Kilometer südwestlich gelegenen Annaberg gegründeten Marienberg. Da das Kirchenschiff 1610 einem Brand zum Opfer fiel, haben sich von der ursprünglichen Bausubstanz bedauerlicherweise nur der Turm und die Außenmauern erhalten, von denen schon Richard Steche sagte, das sie »ernst, nüchtern und schmucklos« seien und sich von denen der Annaberger Annenkirche nur »durch die sorgfältigere Ausführung« unterschieden. Im Unterschied zur Annenkirche schließt die Marienberger Kirche nicht triapsidial, sondern mit einem 7/12-Polygon, und die Strebepfeiler sind wie bei den meisten obersächsischen Kirchen nur teilweise eingezogen. Der Turm steht exakt in der Mittelachse, und die durch merkwürdig

geschwungene Maßwerkformen gegliederten Fenster sind allesamt rundbogig. Die Raumaufteilung im Inneren entspricht weitgehend jener der Pfarrkirchen von Brüx und Schneeberg. Die Schiffe haben jeweils die gleiche Breite, die Joche sind durchweg quadratisch, und die Empore wird auch im Chor nicht unterbrochen. Über das einstige Erscheinungsbild des Innenraums kann nur spekuliert werden. Die erhaltenen Gewölbe in Vorhalle und Sakristei mit ihren zum Teil skurrilen Einzelformen – Menschenköpfe an blind endenden Rippen – lassen darauf schließen, dass die Kirchenschiffe stilistisch stark von der Annenkirche beeinflusst waren. Die meisten Einzelheiten des bestehenden Baudekors sind bereits durch die Formensprache der Renaissance geprägt. Seit der Neugestaltung von 1616 wird der Raum von toskanischen Säulen geteilt, die ein flaches Kreuzgratgewölbe tragen.

Annaberg-Buchholz, St. Annen, Ansicht von Südosten Die größte und wohl bekannteste erzgebirgische Hallenkirche entspricht äußerlich kaum mehr dem überkommenen Bild einer gotischen Pfarrkirche. Auf dekorative, gliedernde Elemente wie Gesimse, Laibungen, Zierfriese und ähnliches wurde bei dem 1499 bis 1525 errichteten Bau weitgehend verzichtet; die Strebepfeiler treten nur mehr im Chorbereich in Erscheinung. Das Bruchsteinmauerwerk befand sich bis zur Restaurierung von 1927/28 unter einer Putzschicht.

Annaberg-Buchholz, St. Annen, Ansicht von Südwesten Diese bereits historische Ansicht aus den 1990er Jahren – der Platz wurde zwischenzeitlich bebaut – zeigt die äußerliche Schmucklosigkeit und Blockhaftigkeit der Annenkirche besonders eindrucksvoll.

Annaberg-Buchholz, St. Annen, Mittelschiff nach Osten
Der Kontrast zwischen kargem Äußeren und prachtvollem Inneren könnte kaum ausgeprägter sein. Der auf Peter von Pirna und Konrad Pflüger zurückgehende Grundriss erscheint gegenüber dem Freiberger Dom konservativ. Das Mittelschiff ist dominant, durch die querrechteckige Jochform sind die Pfeiler dichter zusammengerückt, und die Apsiden treten wieder als Ostabschlüsse in Erscheinung. Der Bau ist reich mit bauplastischem Schmuck wie der Schönen Tür von Hans Witten oder den Emporenbrüstungen von Franz Maidburg ausgestattet.

Annaberg-Buchholz, St. Annen, Gewölbe Der Raumeindruck der Annenkirche bestimmt das wohl eindrucksvollste spätgotische Kirchengewölbe in Deutschland. Das sogenannte Schlingrippengewölbe entstand nach Plänen Jakob Heilmanns von Schweinfurt, einem Schüler des böhmischen Baumeisters Benedikt Ried – die Ähnlichkeit mit den Wölbungen des Wladislawsaals und des böhmischen Landtags auf der Prager Burg oder der Barbarakirche in Kuttenberg (Kutná Hora) ist unverkennbar. Die Gewölberippen wachsen wie das Geäst eines Baumes in unterschiedlicher Höhe aus den Pfeilern.

Pirna, St. Marien Wie die Annaberger ist auch die Pirnaer Stadtkirche eine eingeebnete, »verschliffene«, wenn auch nicht ganz symmetrische siebenjochige, triapsidiale Anlage, die mit Ausnahme des ab 1466 entstandenen Turms im 16. Jahrhundert vollständig neu errichtet wurde. Hauptbaumeister der von 1502 bis 1546 errichteten Kirche war Peter Ulrich von Pirna.

Pirna, St. Marien, Ansicht von Südosten Wie die meisten spätgotischen obersächsischen Stadtkirchen ist auch die Pirnaer Marienkirche äußerlich sparsam gestaltet. Da die Strebepfeiler hier jedoch auf allen Seiten vorgesetzt und nicht in den Bau eingezogen sind, bilden sie neben den schlanken Maßwerkfenstern ein zusätzliches gotisches Gestaltungselement, das die Vertikalität betont.

Pirna, St. Marien, Mittelschiff nach Osten Die Pirnaer Marienkirche besitzt einen der prachtvollsten Räume der deutschen Spätgotik. Der weitläufige, von schlanken Oktogonpfeilern geteilte Raum mit den im späten 16. und im 19. Jahrhundert nachträglich eingebauten Emporen erscheint zwar weniger verspielt als die Annaberger Annenkirche, in den Details ist er jedoch eher noch aufwändiger.

Pirna, St. Marien, Gewölbeansicht Die 1546 von Peter von Pirna vollendete Wölbung zeigt zwar ein vergleichsweise konventionelles Muster, zählt aber durch ihre Engmaschigkeit und die Konsequenz in der Raumvereinheitlichung zu den eindrucksvollsten ihrer Art. Die Grenzen zwischen Schiffen und Jochen sind vollständig aufgehoben.

Auch im späten 15. und frühen 16. Jahrhundert wurde in Sachsen noch eine Reihe von Klosterkirchen verschiedener Orden errichtet, vollendet oder umgebaut. Deren Architektur orientierte sich nun vollkommen an den stadtbürgerlichen Pfarrkirchen und nahm kaum mehr Rücksicht auf tradierte monastische Bauvorschriften. Raumvereinheitlichende Wölbungsformen finden sich nun auch bei den Klosterkirchen. Die ab 1485 auf den Fundamenten der spätromanischen Dominikanerkirche neu errichtete Leipziger Paulinerkirche besaß das vielleicht feinmaschigste Netz- und Sterngewölbe in Sachsen. Sie wurde 1968 auf direkte Anweisung von Walter Ulbricht gesprengt. In der ab 1493 errichteten Kamenzer Franziskanerkirche findet man ein einfaches, nicht durch Scheidbögen geteiltes parlerisches Netzgewölbe, dessen Rippen sich ähnlich wie in Zwickau oder Annaberg aus den Pfeilern entwickeln. Da zumindest das Gebot der Turmlosigkeit auch in dieser Zeit noch überwiegend befolgt wurde, lassen sich spätgotische Klosterkirchen zumindest äußerlich als solche erkennen.

Der Bau, mit dem die mittelalterliche Sakralarchitektur in Sachsen und damit zugleich in Deutschland insgesamt ihren stilgeschichtlichen Abschluss fand, war die Torgauer Schlosskirche. Sie entstand nach Plänen von Nikolaus Grohmann 1543/44 innerhalb nur etwa eines Jahres und

wurde von Martin Luther, der sich an Planung und Ausführung beteiligt hatte, als erste genuin protestantische Kirche geweiht. Dieser Kirchenbautyp entwickelte sich in den kommenden Jahrzehnten zum Modell für reformatorische Kirche, aber auch darüber hinaus. Der eigens für die Anforderungen des evangelischen Predigtgotesdienstes konzipierte Raum prägte nicht nur die Architektur der Schlosskirchen, sondern wirkte insgesamt vorbildhaft für den protestantischen Kirchenbau. Die Gemeinde war in den umlaufenden Emporen des überschaubaren Saales stärker noch als in den spätgotischen Hallen zu einer Gemeinschaft zusammengefasst, und die Aufmerksamkeit konzentrierte sich auf die am Mittelpfeiler angebrachte Kanzel. Der Prediger konnte von allen Plätzen aus gleichermaßen gesehen und vernommen werden. Neben noch stark spätgotisch geprägten Nachfolgebauten wie den Schlosskirchen in Schwerin und Berlin orientierten sich deshalb auch viele Renaissancebauten wie die Schlosskirchen auf der Augustusburg, in Schmalkalden, Freiberg oder Stuttgart am Torgauer Typus, und noch die 1667 geweih-

Pirna, St. Marien, Innenraum von der Empore Das Bild lässt erahnen, was Kurt Gerstenberg mit der Aussage: »Der typisch sondergotische Blick geht von der Empore quer durch den Raum«, meinte. Ein entscheidendes Merkmal der »Erzgebirgshallen« ist ihre »Richtungslosigkeit«, die Aufhebung der Orientierung zum Chor, die Gleichwertigkeit der verschiedenen Schiffe und Joche sowie die Raumvereinheitlichung durch ein alles überspannendes, einheitliches Gewölbe.

Pirna, St. Marien, Hobelspanrippe Im nördlichen Chorpolygon befinden sich eine sogenannte Hobelspanrippe und zwei Freirippen, die demonstrativ den Charakter des Gewölbes veranschaulichen. Indem sie sich aus der Wölbung herauslösen und frei durch den Raum winden, offenbaren sie ihren Charakter als funktionslose, rein ästhetische Gebilde. Die Gewölberippen haben ihre eigentliche Aufgabe eingebüßt. Die spätgotischen Tonnen tragen sich selbst, die Rippen haben sich als rein dekoratives Element verselbstständigt.

Schneeberg, St. Wolfgang, Stadtpanorama
Das Erscheinungsbild Schneebergs nach Süden hin hat sich in den letzten Jahrhunderten kaum verändert. Die Silhouette der alten Bergstadt beherrscht noch immer die auf dem höchsten Punkt errichtete, weit ins Erzgebirge grüßende Wolfgangkirche. Das Äußere der 1515–40 von Hans von Torgau, Fabian Lobwasser und Wolff Riediger errichteten Kirche ist ähnlich schlicht wie das der Annaberger Annenkirche, jedoch durch flache Strebepfeilervorlagen gegliedert.

te Kapelle von Schloss Neu-Augustusburg in Weißenfels zeigt trotz ihrer barocken Formensprache im Kern den gleichen Aufbau.

Die Torgauer Schlosskirche ist ein dreigeschossiger, rechteckiger Saal, der von außen nicht in Erscheinung tritt. Die Verschleierung des Äußeren wurde durch den völligen Einzug der Strebepfeiler ermöglicht. Diese erstrecken sich – offenbar inspiriert von der Wittenberger Schlosskirche – über die gesamte Breite der weit ausladenden Emporen und werden von Laufgängen durchzogen, so dass der Raumeindruck ein wenig dem einer Halle mit

sehr schmalen Seitenschiffen ähnelt. Der Bau erhält sein Licht durch Vorhangbogenfenster, die in Form, Größe und Positionierung denen des gesamten Schlossflügels angeglichen sind. Auf die Ausbildung einer Chorpartie wurde vollkommen verzichtet. Die Querseiten sind schlichter gestaltet als die Längsseiten. Die Emporen sind auf der südlichen Querseite nur als schmale Laufgänge ausgebildet, auf der Nordseite nur eingeschossig ausgeführt. Der Decke ist mit einem Netzgewölbe überzogen, dessen schematisches Rippenmuster sich an der Schneeberger Wolfgangkirche orientiert.

Schneeberg, St. Wolfgang, Innenraum nach Nordosten Obwohl im Vergleich zu Annaberg und Pirna nüchterner in der Wirkung, gilt die Schneeberger Wolfgangkirche als Vollendung der obersächsischen Hallenkirchenarchitektur. Nirgendwo sonst in Sachsen ist der offene, »richtungslose« Einheitsraum so konsequent verwirklicht wie hier. Die drei Schiffe sind gleich breit, die Joche ausnahmslos quadratisch, die Empore umfasst den gesamten Raum, und der Ostabschluss ist architektonisch nicht mehr hervorgehoben.

Schneeberg, St. Wolfgang, Gewölbe Die geometrische Struktur lässt die konstruktive Eigenart der Raumdecke deutlich hervortreten. Das Sterngewölbe bildet hier eine weitgehend eingeebnete Fläche, deren Rippen keinerlei statische Funktion mehr haben. Zwischen Mittel- und Seitenschiffen findet keine Unterscheidung mehr statt.

Schneeberg, St. Wolfgang, Pfeilerkapitell Auch bei den Gewölbeansätzen ist geometrische Klarheit an die Stelle vegetabiler Verspieltheit wie etwa in Annaberg, Görlitz, Pirna oder Geithain getreten.

Der Stilwandel

Die Pfarrkirchen der »Erzgebirgsschule« sind zugleich Abschluss und Höhepunkt der spätgotischen Architektur im deutschsprachigen Raum. Dank der günstigen wirtschaftlichen Rahmenbedingungen konnte der gotische Kirchenbau in Sachsen zu einem Zeitpunkt, als die Bauaktivitäten in den meisten anderen deutschen Regionen zum Erliegen kamen, letztmalig eine eindrucksvolle Blüte entfalten. Aus der Tatsache, dass der gotische Stil hier einen anscheinend logischen Endpunkt fand, erklärt sich auch das Bestreben mancher Kunsthistoriker, die obersächsische Spätgotik als »letzte Konsequenz« der deutschen Gotik anzusehen und die nationale Ausprägung dieses Stiles von ihrem zeitlichen Ende her zu interpretieren.

Die Frage, ob es die sächsische Sakralarchitektur vermochte, die Prinzipien mittelalterlichen Bauens zu »überwinden« und eine organische Überleitung zur Renais-

sancearchitektur zu schaffen, ist viel diskutiert worden. Grundsätzlich ist festzustellen, dass sich die obersächsischen Stadtkirchen in ihrer Konstruktion zwar weit vom Modell der hochgotischen Kathedrale entfernt hatten, ihr Dekor jedoch – anders als das der gleichzeitig errichteten sächsischen Schlösser – bis zuletzt von der Formensprache der Gotik beherrscht blieb. Sucht man nach Vorhangbogenfenstern oder Zellengewölben in den Pfarrkirchen meist vergeblich, so blieben Kassettendecken, Kreuzstockfenster und ähnliches völlig auf die Profanarchitektur beschränkt. Wenn man gotische Architektur allein aus der französischen Perspektive betrachtet, wären die obersächsischen Hallen kaum mehr als gotisch zu bezeichnen – doch dann hätte es in Deutschland streng genommen

Plauen, St. Johannis, Innenraum nach Osten Die Plauener Johanniskirche erhielt nach einem Brand 1548 ein neues Langhaus zwischen der romanischen Doppelturmfassade von 1230 und dem Chor aus dem 14. Jahrhundert. Der niedrige Hallenraum zeigt – obwohl seiner Entstehungszeit nach ein Renaissancebau – noch die wesentlichen Komponenten der spätgotischen obersächsischen Halle, wirkt jedoch in den Einzelformen eher grob und schematisch.

Geithain, St. Nikolai, Ansicht von Südwesten Zwischen einer spätromanischen Doppelturmfront und einem Saalchor aus dem 14. Jahrhundert befindet sich heute ein dreischiffiges, fünfjochiges Langhaus, mit dessen Errichtung 1504 begonnen wurde.

überhaupt nur eine Handvoll »echter« gotischer Kirchen gegeben. Klassifiziert man die Bauten jedoch nach ihrem Dekor, so sind auch die Kirchen in Chemnitz, Annaberg, Schneeberg und andere zweifellos spätmittelalterlich, das heißt spätgotisch.

Mag sich in den weitläufigen Hallen der »Erzgebirgsschule« auch ein »neuartiges Lebensgefühl« (Ullmann) ausdrücken, festzuhalten bleibt, dass diese Bauten in nachmittelalterlicher Zeit keine Nachfolger, allenfalls Nachzügler hatten. Die wenigen deutschen Renaissancekirchen wie die Münchener Jesuitenkirche St. Michael orientieren sich an anderen Vorbildern. Der Rückgang des Kirchenbaus lag vor allem daran, dass nach dem Bauboom des 15. Jahrhunderts kaum mehr Bedarf an Kirchenneubauten bestand. Die Renaissanceepoche hinterließ in Sachsen nur wenige kleinere Kirchenneubauten, machte sich dafür aber umso stärker in der Ausstattung der Kirchen mit Kanzeln, Epitaphien, Altären und ähnlichem bemerkbar.

Geithain, St. Nikolai, Inneres nach Osten Einer der ungewöhnlichsten Sakralräume Sachsens ist das Ergebnis mehrfacher Planwechsel. Über die Gründe für die unvollendete Ausführung der spätgotischen Pläne gibt es unterschiedliche Vermutungen. Neben finanziellen Engpässen wird über die fehlende Vereinbarkeit der verschiedenen Bauteile und den Abzug des Baumeisters (Konrad Pflüger?) spekuliert. 1494/95 schloss man den Raum mit einer von Andreas Schilling aus Freiberg bemalten flachen Holzdecke.

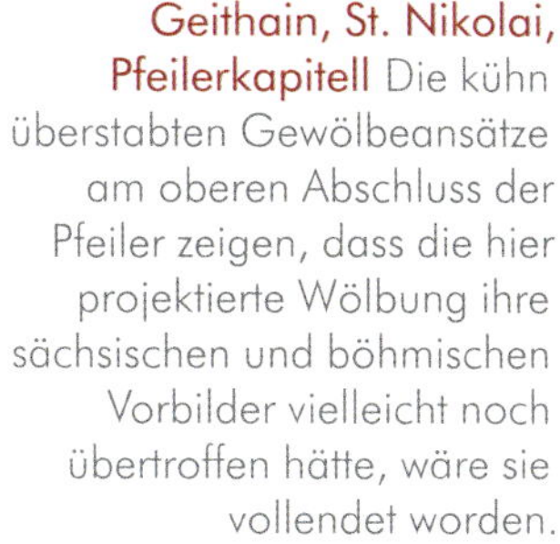

Geithain, St. Nikolai, Pfeilerkapitell Die kühn überstabten Gewölbeansätze am oberen Abschluss der Pfeiler zeigen, dass die hier projektierte Wölbung ihre sächsischen und böhmischen Vorbilder vielleicht noch übertroffen hätte, wäre sie vollendet worden.

Die Raumaufteilung der obersächsischen Emporenhallen spiegelt eine »Verbürgerlichung« der spätmittelalterlichen Gesellschaft wider und kam auch dem evangelischen Gottesdienst entgegen. Die norddeutschen Barockkirchen sind – obgleich im Aufbau deutlich unterschieden – ebenfalls durch umlaufende Emporen geprägt. Da jedoch dieser Typus der spätgotischen Hallenkirche auch in Bayern und Österreich verbreitet war, wo die Entwicklung einen ganz anderen Verlauf nahm, kann nur unter Vorbehalt davon gesprochen werden, dass sich in dieser Bauweise eine »protestantische Gesinnung« ausdrückt oder andeutet.

In den Schlosskapellen dagegen hat sich tatsächlich ein fließender Übergang von der Gotik zur Renaissance vollzogen. Das resultiert wohl daraus, dass Kleinräume traditionell als Experimentierfeld für neue Bauformen genutzt wurden und sich die Kapellen naturgemäß an den stilistischen Vorgaben der umgebenden Renaissanceschlösser orientierten. Zudem ließ sich der in Torgau geschaffene

Marienberg, St. Marien, Ansicht von Südwesten Obwohl 1558–64 entstanden, ist die Marienberger Hauptpfarrkirche äußerlich noch ein rein gotischer Bau. Während zur gleichen Zeit in Sachsen die Renaissanceschlösser in Torgau, Dresden und Augustusburg entstanden, orientierte sich die Sakralarchitektur weiterhin an mittelalterlichen Formen. Der Innenraum wurde nach einem Brand in den Jahren 1669–75 erneuert.

Meißen, Burgberg mit Bischofsburg, Dom und Albrechtsburg Die 1471 von Arnold von Westfalen begonnene und 1489 vollendete Meißener Albrechtsburg bildet gemeinsam mit dem Dom und der Bischofsburg eines der eindrucksvollsten Architekturensembles des Spätmittelalters.

Raum problemlos mit Bauschmuck verschiedener Stile und Epochen ausstatten. Die Schlosskirchen in Schmalkalden und Augustusburg zeigen den gleichen Grundaufbau wie ihr Vorbild, sind jedoch aufgrund ihrer Ornamentik bereits reine Renaissancebauten. Karl Heinz Clasen sprach 1930 in diesem Zusammenhang von »einem Weg, der unmittelbar von deutscher Spätgotik zum Barock führt«.

Bei den sächsischen Stadtpfarrkirchen hingegen war eine Abwendung von den ästhetischen Idealen mittelalterlichen Bauens in dieser Weise nicht zu erkennen und wohl auch nicht angestrebt. Spätschöpfungen wie die Pfarrkirchen in Marienberg, Dahlen oder Lauenstein, die ihre Vollendung erst im ausgehenden 16. Jahrhundert erlebten, zeigen, dass man im Sakralbau noch bis weit in die Renaissanceepoche hinein an den Formen der Spätgotik festhielt. Man mag die Bauten der obersächsischen Spätgotik »sondergotisch« nennen – sie sind jedoch nicht weniger gotisch als etwa die zeitgenössischen angelsächsischen Schöpfungen des Perpendicular Style. Die deutschen Baumeister, die den gotischen Stil erst mit großer zeitlicher Verzögerung adaptiert hatten, konnten sich im Anbruch der neuen Epoche wiederum nur schwer von ihm trennen.

Burgen und Schlösser

Seit dem späten 15. Jahrhundert verlagerte sich der Schwerpunkt der Bauaktivitäten allmählich von der Sakral- zur Profanarchitektur. Da die Herzöge, später Kurfürsten von Sachsen ein Zehntel der Erlöse aus dem Bergbau für sich beanspruchen konnten und sie überdies das Monopol auf den Ankauf des geförderten Erzes besaßen, profitierten sie unmittelbar von den Bodenschätzen ihres Landes. Sie verfügten somit im Vergleich zu den Landesherren der meisten anderen deutschen Regionen über erhebliche Geldmittel und waren in der Lage, sich in relativ kurzer Frist eine große Zahl aufwändiger Residenzen erbauen zu lassen. Sachsen verfügt daher über eines der dichtesten Netze bedeutender spätgotischer Burgen und Schlösser in Deutschland. Da die mittelalterliche Befestigungsarchitektur im 15. Jahrhundert ihren Wert weitgehend eingebüßt hatte, lässt sich hier wie kaum irgendwo sonst auch der Übergang von der Burgen- zur Schlösserarchitektur verfolgen. Die spätgotischen sächsischen Burgen entstanden ebenso wie die Sakralbauten fast durchweg zwischen den 1470er

Jahren und der Mitte des 16. Jahrhunderts. Fast alle älteren Bauten wurden in dieser Zeit so durchgreifend erneuert, dass sie als ein Produkt dieser Epoche anzusehen sind.

Der Burgen- und Schlösserbau wurde maßgeblich von jenen Baumeistern geprägt, die auch im Kirchenbau tätig waren. Der prominenteste war der vermutlich in Leipzig geborene Arnold von Westfalen. Er war an einer Vielzahl großer Bauprojekte wie dem Stadtschloss in Dresden, Schloss Torgau, Schloss Kriebstein, Schloss Rochsburg, Burg Tharandt, dem Meißener Dom, der Marienkirche in Mittweida und wohl auch der Kunigundenkirche in Rochlitz beteiligt, sein Hauptwerk ist indessen die 1471–89 erbaute Albrechtsburg Meißen – Arnold verstarb bereits 1481. Diese gilt als der bedeutendste deutsche Profanbau der Epoche: »… in Ostmitteldeutschland hat in der Zeit der Spätgotik kein zweiter Bau eine derart breite architekturgeschichtliche Nachfolge gefunden wie die Meißener Albrechtsburg« (Heinrich Magirius). Die Zellengewöl-

Meißen, Albrechtsburg
Mit tradierter Burgenarchitektur hat der von aufwändigen Substruktionen getragene Bau nur noch die exponierte Lage gemein. Die großen Fensteröffnungen und der völlige Verzicht auf Befestigungsanlagen sind die Gründe dafür, dass die Albrechtsburg häufig als der erste Schlossbau in Deutschland bezeichnet wird.

Meißen, Albrechtsburg, Hofseite An die Stelle schießschartenförmiger Sichtöffnungen sind bei der Albrechtsburg die großen »Vorhangbogenfenster« getreten, die diese Bezeichnung ihrer ungewöhnlichen Form verdanken und zu einem weit verbreiteten Stilelement spätgotisch-sächsischer Architektur wurden. Der durch französische Vorbilder inspirierte Treppenturm, der Großß Wendelstein, zeigt ebenso wie die Ausstattung mit Lukarnen, Schmuckfriesen, Kreuzblumen, Loggien und ähnlichem, dass der Bau ausschließlich für Repräsentationszwecke vorgesehen war.

Meißen, Albrechtsburg, Modell Das Modell zeigt den Winkel zwischen Ost- und Westflügel mit dem kleinen Wendelstein und ermöglicht Einblicke in die Säle und die Substruktionen, die nötig waren, um den Niveauunterschied zwischen Hof- und Elbseite auszugleichen. Im ersten Obergeschoss blickt man rechts in den großen Saal und im zweiten Obergeschoss in die Stube der kurfürstlichen Wohnung.

Meißen, Albrechtsburg, Großer Saal (Großer Kirchensaal) Der im ersten Obergeschoss gelegene Saal gehört zu den Räumen, die nach Plänen Arnolds von Westfalen entstanden. Das prägende Element der Innenräume der Albrechtsburg sind die hier erstmals in Sachsens verwendeten Zellengewölbe. Es handelt sich dabei um räumlich gestaltete Stern- und Netzgewölbe mit zellenartig vertieften Gewölbekappen. Die Rippen sind nur noch farblich angedeutet.

be und die Vorhangbogenfenster »sind über ein halbes Jahrhundert hindurch nachgeahmt und weiterentwickelt worden«.

Im Unterschied zu den meisten anderen Bauten, an denen Arnold von Westfalen beteiligt war und die durch ihre exponierte Lage und ihre trutzige Architektur noch weitgehend dem Bild einer wehrhaften mittelalterlichen Befestigungsanlage entspricht – wie Burg Kriebstein –, ist bei der Albrechtsburg die Repräsentations- fast vollständig an die Stelle der Verteidigungsfunktion getreten, so dass hier mit einigem Recht vom ersten deutschen Schlossbau gesprochen werden kann. Einzig der durch den Vorgängerbau und den Dom vorgegebene, das Stadtbild beherrschende Standpunkt auf dem steilen Felsen über der Elbe ist noch eine Reminiszenz an die mittelalterliche Burgenarchitektur.

Während die Albrechtsburg nach Westen hin als L-förmiger Zweiflügelbau erscheint, wird sie auf der Elbseite als ein zum Teil von aufwändigen Substruktionen getragener, stark zergliederter Einzeltrakt mit zahlreichen Vor- und

Meißen, Albrechtsburg, Große Hofstube Der mit 34 Meter Länge größte Saal der Albrechtsburg erhielt seine historisierende Gestalt im 19. Jahrhundert. Nach der Verwüstung durch ein Feuer im Jahr 1773 war er nur provisorisch wiederhergestellt worden. Die farbenprächtige Bemalung zeigt Begebenheiten aus dem Leben der Brüder Albrecht und Ernst.

Rücksprüngen wahrgenommen. Die nicht durch Strebepfeiler geteilten Fassaden zeigen die charakteristischen Gliederungselemente spätgotischer sächsischer Profanbauten. Die vielleicht auffälligste Neuerung sind die auf allen Seiten zu findenden breiten und fast geschosshohen Fenster – aufgrund ihrer eigenartigen Form Vorhangbogenfenster genannt –, die mit den schmalen Lichtöffnungen der Wehrbauten vergangener Tage nichts mehr gemein haben. Sie sind wohl der deutlichste Hinweis auf die völlig neuartige Funktion dieser landesfürstlichen Residenz. Während Vorhangbogenfenster seit den 1470er Jahren zu einem unverwechselbaren Merkmal fast aller Profanbauten wurden, fanden sie im Kirchenbau nur ausnahmsweise Verwendung, so etwa bei der Schneeberger Wolfgangkirche oder der Rochlitzer Schlosskapelle.

Meißen, Albrechtsburg, Wappensaal Die Ähnlichkeit der Wölbung des Wappensaals mit jener der Annaberger Annenkirche ist nicht zufällig. Jacob Heilmann von Schweinfurt, der Annaberger Hauptbaumeister, schuf das Schlingrippengewölbe 1521–24.

Weitere innovative Gestaltungselemente sind die steilen, die Fensterbahnen in den Dachstuhl hinein fortsetzenden Lukarnen sowie die Hauptschaustücke der Hoffront, die beiden Treppentürme (Wendelsteine). Waren Treppentürme und Lukarnen typische Merkmale der französischen Profangotik – man findet sie etwa bei den Schlössern in Rochepot, Langeais, dem Palais Jaques-Coeur in Bourges und anderen –, handelt es sich bei den Vorhangbogenfenstern um eine originäre Erfindung Arnolds von Westfalen. Er war zugleich der erste deutsche Baumeister, der einen der Fassade vorgelegten Treppenturm errichtete, womit er eine lange Bautradition begründete. Die Meißener Wendelsteine sind, obwohl letztlich auf französische Vorbilder zurückgehend, ganz und gar eine Schöpfung Arnolds. Vor

Torgau, Schloss Hartenfels, Ansicht von Südosten Während die Meißener Albrechtsburg zumindest noch durch ihren Standort dem Bild einer mittelalterlichen Burg entspricht, ist das zwischen 1470 und 1623 errichtete Schloss Hartenfels in Architektur und Lage eindeutig ein Schlossbau. Einzig die beiden wuchtigen Rundtürme verleihen dem reich mit Ziergiebeln, Vorhangbogenfenstern, Schmuckfriesen und ähnlichem ausgestatteten Bau auf der Elbseite ein eher festungsartiges Aussehen.

allem bei dem großen Wendelstein handelt es sich um ein künstlerisches und bautechnisches Meisterwerk, das zu allen Zeiten ungeteilte Bewunderung fand. Im Inneren windet sich die an drei sechseckigen Stäben aufgehängte Treppenspindel um einen hohlen Kern. Getragen wird der Turm von drei Strebepfeilern, zwischen denen sich Loggienumgänge befinden, welche die Geschossgliederung des übrigen Baus aufnehmen, um der Vertikalbewegung der Treppenspindel entgegenzuwirken. Zugänglich sind diese Umgänge über Loggien, die sich zwischen dem Wendel-

stein und der Nordwand des angrenzenden Doms befinden. Die spitzen Helme der Wendelsteine stammen aus dem 19. Jahrhundert. Der vermeintliche dritte Wendelstein auf der Ostseite ist nur ein gleichfalls spitzhelmbekrönter Vorsprung, in dessen erstem Obergeschoss sich die Burgkapelle befindet. Vorbedingung für den symmetrischen Aufbau der Wendelsteine war die einheitliche Geschosshöhe. Mit ihrer gleichförmigen, den gesamten Bau übergreifenden Etagengliederung zeigt die Albrechtsburg bereits ein typisches Element künftiger Schlösserarchitektur.

Torgau, Schloss Hartenfels
Der Blick vom Hausmannsturm im Südwesten der Anlage ermöglicht die Übersicht über die einzelnen Gebäudetrakte, die überwiegend zwischen 1470 und 1623 entstanden und die unterschiedlichen Stilrichtungen zwischen Spätgotik und Hochrenaissance repräsentieren.

Torgau, Schloss Hartenfels, Hausmannsturm Zwischen dem unter Beteiligung Arnolds von Westfalen entstandenen Albrechtsbau von 1470 (l.) und dem von Konrad Krebs 1533–36 errichteten Johann-Friedrich-Bau (r.) befindet sich der 53 Meter hohe Hausmannsturm von 1533–35.

Torgau, Schloss Hartenfels, Großer Wendelstein Der Große Wendelstein bildet das Zentrum des 1533–36 von Konrad Krebs errichteten Johann-Friedrich-Baus auf der Ostseite von Schloss Hartenfels. Obwohl im Altan noch über Vorhangbogenfenster verfügend, handelt es sich bei dieser höchst eindrucksvollen Treppenanlage um eine Renaissanceschöpfung. Vorbilder waren vermutlich die Wendeltreppen französischer Schlösser an der Loire.

Torgau, Schloss Hartenfels, Großer Wendelstein
Die Detailansicht zeigt die stilistische Gleichzeitigkeit spätgotischer Schlingrippenwölbungen, rundbogiger Öffnungen und floraler Renaissanceornamentik.

Torgau, Schloss Hartenfels, Großer Wendelstein Die aus Elbsandstein gefertigte, wunderbar präzise gearbeitete Treppenspindel ist deutlich von Vorbildern Arnolds von Westfalen inspiriert.

Fast bemerkenswerter noch als das Äußere ist das durch einen unvergleichlichen Reichtum an neuartigen bauplastischen Motiven gekennzeichnete Interieur der Albrechtsburg. Voraussetzung für die Glättung der Außenfronten war der Einzug der sich von unten nach oben sukzessive verstärkenden Strebepfeiler. Dieser bestimmt das Erscheinungsbild der Räume maßgeblich. Wer im Inneren weite, offene Räume erwartet, ist überrascht, stattdessen tief eingeschnittene Fensternischen zwischen den Strebepfeilern und »höhlenhaft hohe Gewölbe« (Magirius) vorzufinden. Die Gewölbe sind nicht nur von einzigartigem Formenreichtum – fast jeder Raum besitzt ein individuelles Wölbungsmuster –, sie sind vor allem völlig neuartig konstruiert. Erstmals in Sachsen und wohl überhaupt in Deutschland begegnen uns hier Zellengewölbe – »zellenförmig« dreidimensional aufgefaltete Muster ohne flächige Gewölbekappen mit allenfalls angedeuteten Rippen. Während Zellengewölbe in der spätgotischen Profanarchitektur Sachsens schnell weite Verbreitung fanden, wurden sie – anders als etwa in Böhmen – im Kirchenbau von Ausnahmen wie dem Chor im Wurzener Dom und in der Torgauer Marienkirche sowie einigen Schlosskirchen abgesehen so gut wie nie verwendet. Einzigartig ist das in dieser ausgeprägten Form nie wiederholte Zusammenspiel von Wölbung und Stütze in der Albrechtsburg. Die steilen Gewölbe senken sich fast bis zu den teils über Eck gestellten Plinthen, teils auf hexagonalen Basen ruhenden Sockeln herab und sind von diesen nur durch kurze, tief gekehlte Bündelpfeiler mit teilweise schraubenförmigen Diensten getrennt. Glanzstück des ersten Obergeschosses ist der von drei derartigen Stützen getragene monumentale Große Kirchensaal im ersten Obergeschoss. Selbst die Treppenhäuser der beiden Wendelsteine sind zellengewölbt

Die Innenräume des zweiten Obergeschosses wurden erst 1525 von Jakob Heilmann vollendet. Heilmann schuf mit dem Gerichtssaal einen Raum, der sich zwar weitgehend an den stilistischen Vorgaben Arnolds orientiert, dem Kirchensaal jedoch hinsichtlich der Komplexität der Einzelformen und der Raumwirkung nicht gleichkommt.

Südlich des Doms befindet sich das zwischen 1476 und 1518 errichtete Bischofsschloss, ein lang gezogener Rechteckbau unter steilem Satteldach, an dessen östlichem Ende sich ein hoher Rundturm befindet – der die Silhouette des Burgbergs prägende Liebenstein. Die glatten Außenmauern sind lediglich durch die Vorhangbogenfenster gegliedert. Vor allem im ersten Obergeschoss haben sich noch Teile des ursprünglichen Zellengewölbes erhalten.

Obwohl die Albrechtsburg stilistisch bis weit ins 16. Jahrhundert hinein befruchtend auf die Burgen- und Schlös-

Torgau, Schloss Hartenfels, Vorhangbogenfenster Auch die Fassaden des ab 1541 errichteten Schlosskirchenflügel sind – siebzig Jahre nach Einführung dieses Stilelements – noch durch Vorhangbogenfenster gegliedert.

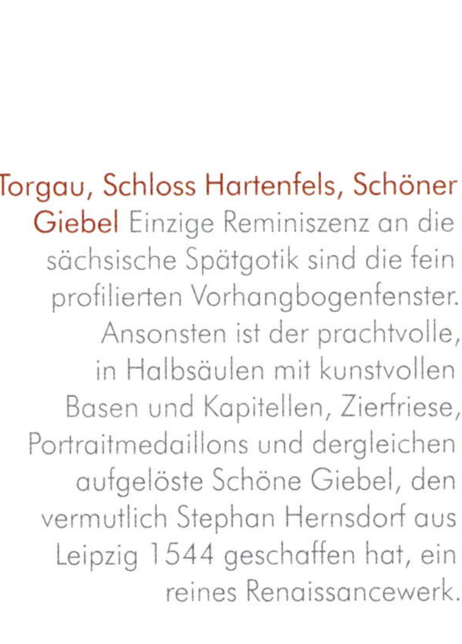

Torgau, Schloss Hartenfels, Schöner Giebel Einzige Reminiszenz an die sächsische Spätgotik sind die fein profilierten Vorhangbogenfenster. Ansonsten ist der prachtvolle, in Halbsäulen mit kunstvollen Basen und Kapitellen, Zierfriese, Portraitmedaillons und dergleichen aufgelöste Schöne Giebel, den vermutlich Stephan Hernsdorf aus Leipzig 1544 geschaffen hat, ein reines Renaissancewerk.

serarchitektur wirkte, blieb ihr Baukörper naturgemäß ein den topographischen Gegebenheiten und funktionalen Erfordernissen geschuldetes Unikat. Da die Albertiner ihren Regierungssitz 1485 nach Dresden verlagerten und in der Folge vor allem den Ausbau des dortigen Stadtschlosses betrieben, ist die Albrechtsburg niemals als Residenz genutzt worden.

Der Bau, der zugleich die Fortsetzung und den Abschluss jener Entwicklung bildet, die mit der Meißener Albrechtsburg begann, ist Schloss Hartenfels in Torgau. An ihm finden sich alle Architekturformen des Übergangs von der Spätgotik zur Renaissance. Sein ältester Trakt ist der um 1470 begonnene Albrechtsbau im Südwesten, der wohl wiederum ein Werk Arnolds von Westfalen ist. Arnold errichtete am Schlosskirchenflügel im Nordosten auch einen Treppenturm, der im 18. Jahrhundert einem Brand zum Opfer fiel. Dessen mit dem erst 1538 vollendeten Kleinen Wendelstein abschließender nördlicher Trakt entstand 1482–85 nach Plänen von Konrad Pflüger.

Gegenüber dem Albrechtsbau befindet sich der mit der Weihe der Schlosskirche durch Martin Luther 1544 vollendete Schlosskirchenflügel. In ihm befindet sich auch die ursprünglich separat stehende Martinskapelle aus dem 14. Jahrhundert. Bindeglied zwischen Albrechtbau und

Torgau, Schloss Hartenfels, ehem. Burgkapelle Die ehemalige Martinskapelle datiert wie etwa auch die Rundtürme auf der Elbseite in die Zeit vor der spätgotischen Erneuerung von Schloss Hartenfels. Der heute als Schlossrestaurant fungierende kreuzgratgewölbte Raum entstand um die Mitte des 14. Jahrhunderts.

Torgau, Schloss Hartenfels, Schlosskirche Die Torgauer Schlosskirche entstand 1553/54 nach Plänen von Nikolaus Gromann. Der von Martin Luther geweihte Bau wurde zum Prototyp der ersten Generation protestantischer Predigträume. Auch die Nachfolgebauten in Dresden, Schwerin, Berlin oder Augustusburg sind überschaubare Zentralräume, die ganz auf die Kanzel ausgerichtet sind; die Gemeinde versammelt sich auf den Emporen.

Schlosskirchenflügel ist der 1533–36 von Konrad Krebs, einem der Baumeister des Renaissanceflügels des Berliner Stadtschlosses, errichtete Johann-Friedrich-Bau, der im Dehio als »eine Hauptleistung der Frührenaissance in Deutschland« bezeichnet wird. Verständlich wird das vor allem, wenn man den in seinem Zentrum befindlichen Großen Wendelstein – den künstlerischen Glanzpunkt der gesamten Schlossanlage – mit seinem Meißener Vorgänger vergleicht. Das auf einem rechteckigen Altan fußende doppelläufige Treppenhaus ist durch französische Renaissancevorbilder inspiriert (Blois), stellt aber eine vollkommen eigenständige Lösung dar. Das von sechs in Rundbögen schließenden Freipfeilern getragene, als 3/8-Polygon in den Hof hineinragende Gebilde wird von einem geschweiften Giebel bekrönt, unter dem sich die sogenannte Spiegelstube befindet. Der Johann-Friedrich-Bau zeigt eine Vielzahl weiterer typischer Renaissanceelemente wie etwa den von Konsolen getragenen Laufgang auf der Hofseite und die beiden schönen Runderker an den Außenkanten des 13-achsigen Flügels. Der Wendelstein ist ebenso wie die Brüstung des Laufgangs, die Fassungen der Vorhangbogenfenster und die Erker reich mit Renaissance-Ornamentik in der Art des flämischen Floris- oder Groteskenstils verziert.

Torgau, Schloss Hartenfels, Schlosskirchengewölbe
So eindeutig die Schlosskirche ein Werk der Frührenaissance ist, so unverkennbar klingt in ihrem Netzgewölbe die Gotik nach.

Torgau, Schloss Hartenfels, Schlosskirchenkanzel
Von dieser 1544 von Simon Schröter d. Ä. geschaffenen Kanzel predigte Martin Luther.

Rochlitz, Blick über die Mulde auf Schloss und Petrikirche Das Rochlitzer Schloss bildet zusammen mit der Petrikirche und der Altstadt eines der malerischsten spätmittelalterlichen Architekturensembles in Sachsen. Da große Teile der Fundamente und die beiden die Silhouette beherrschenden Türme – die sogenannten Jupen – des Rochlitzer Schlosses noch dem 13. Jahrhundert entstammen, vermittelt der Bau ungeachtet der im späten 15. und frühen 16. Jahrhundert erfolgten Neugestaltung weitgehend den Eindruck einer wehrhaften Burganlage. Zwischen 1472 und 1475 leitete Arnold von Westfalen die Bauarbeiten.

Rochlitz, Schloss, Schlosshof Der größte Teil der östlichen Oberburg entstand im 14. Jahrhundert. Die verschiedenen Gebäudeteile sind durch Wehrgänge miteinander verbunden, die um 1370 angelegt wurden.

Der Westflügel gegenüber dem Johann-Friedrich-Bau entstand 1616–23 und ist ein reiner Renaissancebau. Da Schloss Hartenfels seit der Verlagerung der Residenz nach Dresden unter anderem als Zuchthaus, Kaserne und Behördenunterkunft diente, hat sich im Inneren wenig vom ursprünglichen Erscheinungsbild erhalten. Das Inventar wurde im Siebenjährigen Krieg von den Preußen versteigert.

Burg Kriebstein bei Höfchen nördlich von Mittweida wurde ab 1471 unter der Leitung Arnolds von Westfalen und dann nochmals im 16. und 19. Jahrhundert erweitert und durchgreifend verändert, entstand ist der bauliche Kern der ovalen Anlage jedoch bereits in den Jahren 1384–1408. Die ältesten Teile wie die Burgkapelle datieren sogar noch in romanische Zeit. Der mittels kühner Substrukti-

Rochlitz, Schloss, Schlosskapelle Das architektonische Prunkstück der Anlage ist die von Arnold von Westfalen im Auftrag der wettinischen Brüder Ernst und Albrecht errichtete Schlosskapelle, deren hervorfluchtendes Polygon die Ostfassade dominiert. Das durch reiche Maßwerkfenster und ein Sterngewölbte geprägte Interieur ist mit Seccomalereien ausgeschmückt.

onen auf steilem Fels über der Zschopau – heute ein Stausee – errichtete Bau ist die wohl malerischste Burganlage in Sachsen. Die Silhouette des verschachtelten Gebäudekomplexes wird von dem querrechteckigen Wohnturm beherrscht, dessen Errichtung wohl den Auftakt zu den Bauarbeiten des 14. Jahrhunderts bildete. Nur wenig später entstanden die zweigeschossige Überbauung der Kapelle und der sich daran östlich anschließende Trakt mit der Halle und den oberen Sälen sowie der viergeschossige Torturm, durch den man in den Burghof gelangt. Der sogenannte Küchenbau, der das Hauptgebäude im Osten abschließt, entstand unter der Leitung Arnolds von Westfalen. Der ziemlich einheitliche Eindruck der gesamten Anlage rührt unter anderem daher, dass Arnold an den Bauten des 14. Jahrhunderts Teile der Fassade erneuern ließ. Während die meisten Räume im Erdgeschoss wie die Halle kreuzrippengewölbt sind, findet man in den oberen Geschossen überwiegend farbig gefasste Holzdecken. Anstelle von Vorhangbogenfenstern trifft man auf rechteckige Sprossenfenster mit profilierten Fassungen. Die Burganlage wurde im 19. Jahrhundert stark überarbeitet.

Schloss Rochsburg wurde weitgehend 1470–82 von Hugold von Schleinitz und wiederum Arnold von Westfalen – letzterer von 1472–75 tätig – erbaut. Die in romantischer Lage oberhalb einer Schlinge der Zwickauer Mulde errichtete und nahezu vollständig erhaltene Anlage zählt zu den größten und eindrucksvollsten Höhenburgen des Landes. Letzte bauliche Veränderungen wurden nach Bränden am Ende des 16. Jahrhunderts vorgenommen. Die Burg besteht im Wesentlichen aus einer um einen rechteckigen Hof erbauten Hauptburg, überragt von dem in einer Renaissancehaube gipfelnden Bergfried, einer diese im Westen und Süden umschließenden Vorburg, deren Dominante der schlanke, von einer Barocklaterne bekrönte schlanke Pulverturm ist, sowie einer im Norden vorgelagerten Bastion, an deren östlichem Ende sich der Torturm befindet. Der vergleichsweise schmucklose Außenbau der Hauptburg ist durch die zahlreichen dreigeschossigen Zwerchhäuser aufgelockert. Von den im ursprünglichen Zustand erhaltenen Räumen sind vor allem die Alte und die mit dem Wendelstein verbundene Neue Kemenate sowie die 1523 vollendete St. Annenkapelle erwähnenswert.

Höfchen, Burg Kriebstein
Kaum eine andere Burg in Sachsen entspricht so sehr dem Idealbild mittelalterlicher Burgen wie das auf steilem Fels über dem tief eingeschnittenen Tal der Zschopau errichtete Burg Kriebstein bei Höfchen. Doch datiert auch diese Anlage überwiegend in die Übergangszeit zwischen Spätgotik und Frührenaissance. Ursprünglich auf eine romanische Burg zurückgehend, wurde Burg Kriebstein im 14. und 15. Jahrhundert unter anderen von Arnold von Westfalen neu gestaltet. Die Renaissancefenster sind von 1564.

Leisnig, Burg Mildenstein
Die langgestreckte Burganlage, die den Bergsporn über der Mulde nördlich von Leisnig beherrscht, ist ein malerisches, sehr heterogenes Ensemble, dessen Anfänge ins 11. Jahrhundert datieren, das jedoch größtenteils zwischen dem 14. und dem 17. Jahrhundert entstand.

Das schöne Netzgewölbe letzterer stammt von Caspar Kraft, dem Baumeister der Marktkirche in Halle/Saale. Während die beiden Kemenaten einfache Kreuzgratgewölbe besitzen, findet man in den meisten übrigen Räumen kunstvolle Balkendecken.

Die bis ins frühe 13. Jahrhundert zurückdatierende Veste Stolpen gelangte 1476 in den Besitz der Meißener Bischöfe, die sich die Anlage in der Folge als Residenz ausbauten. Sie befindet sich auf einer mächtigen Felskuppe, an deren Nordabdachung die Stadt erbaut ist, und domi-

niert weithin sichtbar die umgebende Landschaft. Die an vielen Stellen aus dem Boden ragenden vier- bis achteckigen Basaltsäulen geben Auskunft über die geologische Beschaffenheit. Das Torhaus und große Teile der Fortifikation, die der monumentalen Anlage den Charakter einer Festung verleihen, entstanden erst ab 1675 unter der Leitung von Wolf Kaspar von Klengel. Trotz der Sprengung großer Teile der Festung durch die abziehenden napoleonischen Truppen 1813 haben sich von der spätmittelalterlichen Bebauung umfangreiche Reste erhalten.

Leisnig, Burg Mildenstein, Rittersaal Den südlichen Abschluss des Ensembles bildet das im späten 14. Jahrhundert errichtete Vorderschloss. In dessen Obergeschoss befinden sich die eindrucksvollsten Räume der Anlage, die beiden seit der Restaurierung als Veranstaltungsräume genutzten Rittersäle.

Neben dem 1518 errichteten Kornhaus, das den ersten vom zweiten Burghof trennt, entstammen vor allem drei der vier die Silhouette prägenden Türme dieser Epoche. Während der bereits ab 1451 erbaute Siebenspitzenturm am westlichen Ende der Burg nur noch als Ruine besteht, sind der Schlösserturm (1476–87), der Seigerturm (1560) und der Johannesturm (1509) – hier verbrachte Gräfin Cosel, die Mätresse Augusts des Starken, 49 Jahre ihres Lebens, daher auch Coselturm genannt – unbeschädigt. Interesse verdient vor allem der sich über vier Geschosse erstreckende Johannesturm, der über einen separaten Treppenturm verfügt. In seinem Erdgeschoss befindet sich der Gerichtssaal, der sich durch schöne, ungewöhnlich präzise gearbeitete Zellengewölbe auszeichnet. Der mit Vorhangbogenfenstern ausgestattete Schlösserturm diente bis zur Besetzung der Burg durch Kurfürst August 1558 als Bischofswohnung.

Die ebenfalls auf einem Basaltkegel erbaute Burg Altschönfels bei Schönfels entspricht vielleicht am ehesten dem Bild einer trutzigen mittelalterlichen Burg. Die ab

Stolpen, Veste, Blick vom Johannesturm
Vom obersten Geschoss des 1509 errichteten Johannesturms reicht der Blick über die bis 1559 zum Besitz der Meißener Bischöfe gehörende mächtige Festung. Die auf einem Basaltkegel errichtete, weithin sichtbare Anlage wurde im 19. Jahrhundert von den abziehenden napoleonischen Truppen in Brand gesteckt. Im Mittelgrund befindet sich der 1560 fertiggestellte Seigerturm, dahinter die Ruine des 1451–76 erbauten Siebenspitzenturmes, der den westlichen Abschluss der Veste bildet.

Stolpen, Veste, Gerichtssaal im Johannesturm
Im Erdgeschoss des Johannesturms – im 18. Jahrhundert Gefängnis der Gräfin Cosel, daher Coselturm genannt – befindet sich der Gerichtssaal. Ungewöhnlich für einen derart wuchtigen Wehrbau ist das schöne Zellengewölbe, das sich durch seine geradezu modellhaft präzise Gestaltung von vielen grob gearbeiteten Raumdecken dieser Art abhebt.

1480 unter Verwendung älterer Teile entstandene ovale Anlage mit zwei Höfen besitzt nach außen nur wenige kleine Fensteröffnungen und hat noch einen gedeckten Wehrgang. Die quadratische Burgkapelle über der Einfahrt des Vorhofs ist mit einem feinmaschigen Netzgewölbe ausgestattet. In den meisten übrigen Räumen findet man Balkendecken.

Auch das auf einem Felsen oberhalb der Zschopau erbaute Schloss Sachsenburg erhielt sein heutiges Aussehen in den 1480er Jahren. Für die Planung des dreiflügeligen, einen Hof umschließenden Baus war der gemeinsam mit Arnold von Westfalen am Neubau des Dresdener Stadtschlosses beschäftigte Hans Reinhard verantwortlich. Schloss Sachsenburg wurde im Dreißgjährigen Krieg stark beschädigt, hat aber noch den größten Teil seiner ursprünglichen Vorhangbogenfenster. Im Inneren vor allem des Erdgeschosses haben sich ungewöhnlich viele Zellen-, Netz- und Sterngewölbe erhalten.

Die Ortenburg in Bautzen war eine der größten spätmittelalterlichen Burganlagen auf dem Gebiet des heutigen Freistaats Sachsen. Sie entstand 1483–86 im Auftrag des ungarischen Königs Matthias Corvinus, der 1479 für die Anerkennung des böhmischen Königs Wladislaw die böhmischen Nebenländer und damit auch die Lausitz erhalten hatte. Weitgehend unverändert erhalten hat sich von den Baulichkeiten des 15. Jahrhunderts nur der Schlos-

sturm, in dessen zweitem Obergeschoss sich die schöne zellengewölbte Matthiaskapelle befindet. Über dem spitzbogigen Durchfahrtsportal befindet sich auf der Stadtseite das 1486 von Briccius Gauske geschaffene, reich mit Maßwerk gerahmte Denkmal des Matthias Corvinus, das zu den bedeutendsten plastischen Bildwerken der Epoche in Sachsen zählt. Der Hauptbau der Ortenburg wie auch die zur Spree hin vorgelagerten Gebäude wurden im Dreißigjährigen Krieg stark in Mitleidenschaft gezogen – sie bestehen heute nur noch als Baukörper. Die architektonische Grundstruktur des dreigeschossigen Gebäudes mit den das Dach gliedernden Zwerchhäusern stammt zwar noch aus dem 15. Jahrhundert, die Fassaden wie auch die Innenräume wurden jedoch im späten 17. Jahrhundert vollständig erneuert.

An der Wende vom 15. zum 16. Jahrhundert wurde auch die im Kern romanische Burg Gnandstein aufwändig erneuert. Dem romanischen Palas wurde ein mächtiges spätgotisches Pendant mit kegelhelmbekröntem Turm auf der Südseite gegenübergestellt, das vom Großen Burghof

Strehla, Schloss von Süden Auf einer Erhebung über dem linken Elbufer entstand im 15. und 16. Jahrhundert der umfangreiche Gebäudekomplex von Schloss Strehla. Die um einen viereckigen Hof gebaute Anlage zeigt mit ihren wuchtigen Türmen nach Westen hin noch Elemente mittelalterlicher Festungsarchitektur, zeigt sich jedoch überwiegend als schlossartiger Repräsentationsbau. Die Hoffassaden zeigen das zeittypische Stilgemisch aus Renaissancefenstern, -portalen und -treppenhäusern sowie gotischen Staffelgiebeln.

Heynitz, Schloss, Ansicht von Süden Ungeachtet seiner bis ins 14. Jahrhundert zurückreichenden Entstehungsgeschichte erscheint das kleine, in einem Tal unterhalb der Stadt gelegene Heynitzer Schloss heute als homogener spätgotischer Bau. Die durch zweiteilige Vorhangbogenfenster gegliederten, weiß gestrichenen Fassaden werden von steilen Giebeln bekrönt, deren aufgemauerte Rippen dem Formenspiel der Wölbungen Benedikt Rieds und Jakob Heilmanns nachempfunden sind.

aus durch einen Wendelstein erschlossen wird. Der romanische Bergfried erhielt einen gotischen Zinnenkranz. Auf der Nordseite der Anlage entstand der Kapellenflügel, in dem sich unter anderem die zellengewölbte Burgkapelle befindet.

Auch das auf einem Ausläufer des Rochlitzer Berges – auf dessen Westseite sich die Rochlitzer Porphyrbrüche befinden, denen die meisten Bauten der Umgebung ihre Existenz verdanken – oberhalb der Mulde am westlichen Ende der Stadt errichtete Schloss Rochlitz zählt zu jenen Bauten, deren Geschichte bis in die romanische Epoche zurückreicht, die ihr heutiges Aussehen jedoch wesentlich spätgotischen Umgestaltungen verdanken. Während die Sockelgeschosse der beiden mächtigen Türme – der Jupen – am Westrand des Schlosses, die dem Bau sein charakteristisches Gepräge geben, ins frühe 13. Jahrhunderts datieren, entstanden fast alle übrigen Bauteile zu Beginn des 16. Jahrhunderts. Nachdem die im Osten gelegene Vorburg im 17. Jahrhundert bis auf Reste abgetragen wurde, existiert heute nur noch die einen langgezogenen rechteckigen Hof umschließende

Hartenstein, Burg Stein

Die malerisch an der Zwickauer Mulde gelegene, gut erhaltene Burg erlebte im Laufe ihrer bis ins frühe 13. Jahrhundert zurückreichenden Geschichte fast so viele Herren wie Bauperioden. Bauteile aus dem 13. Jahrhundert finden sich in der Oberburg mit dem markanten Bergfried (r.). Die Niederburg mit dem Rundturm (l.) entstand vom 14. bis 16. Jahrhundert. Seit 1406 gehörte der Bau der Familie von Schönburg, die ihn 1996 zurückerwarb, restaurierte und der Öffentlichkeit als Museum sowie als Kulisse für Konzerte, Trauungen und anderes zugänglich machte.

Rochsburg, Schloss, Ansicht von Nordwesten Obwohl dem Namen nach ein Schloss, entspricht der in eine reizvolle Waldlandschaft eingebettete und von der Zwickauer Mulde umschlungene Bau äußerlich weitgehend einer wehrhaften spätmittelalterlichen Höhenburg. An der Entstehung des hauptsächlich zwischen 1470 und 1596 entstandenen Schlosses hatte Arnold von Westfalen wesentlichen Anteil. Die wehrhaften Zwinger und Bastionen kontrastieren mit den Frührenaissancefassaden des Hauptbaus.

Hauptburg. Während deren zur Mulde gerichtete schlichte Südfassade ebenso wie die Nordfront nur einfache rechteckige Sprossenfenster aufweist, findet man an der östlichen Schmalseite über dem Hauptportal schöne Vorhangbogenfenster. Den Blickfang dieser Fassade bildet das Polygon der im Inneren netzgewölbten Schlosskapelle, die zugleich das baukünstlerische Glanzstück der Burg darstellt. Viele Innenräume besitzen noch die originalen Balkendecken. Die steilen Helme der Jupen wurden erst um 1390 aufgerichtet.

Das auf einer Anhöhe über der Stadt gelegene Schloss Strehla wurde überwiegend zu Beginn des 16. Jahrhunderts erbaut. Der fast vollständig erhaltene Bau besteht aus einer Hauptburg um einen annähernd quadratischen Hof und einer westlich vorgelagerten Vorburg mit einem um 1560 errichteten Torhaus. Die Westseite der Hauptburg ist von zwei mächtigen, in Renaissancehauben gipfelnden Türmen geprägt. Auch an den übrigen Bauten entdeckt man neben spätgotischen Staffelgiebeln einige geschweifte

Sachsenburg, Burg von Süden
Die in malerischer Lage über dem Zschopautal liegende Burg ist ein einheitlicher spätgotischer Bau, der ab 1488 von Hans Reinhart für Caspar von Schönburg errichtet wurde. Dabei wurden in die Anlage, die einen dreieckigen Hof umschließt, ältere Bauteile einbezogen.

Sachsenburg, Vorhangbogenfenster
Obwohl die Sachsenburg verglichen mit ihren Vorbildern in Meißen oder Torgau ein provinzieller Bau ist, mochte man auch hier auf »moderne« Gestaltungselemente wie Vorhangbogenfenster nicht verzichten.

Renaissancegiebel. An einigen Stellen findet man Vorhangbogenfenster. Unterhalb des Südturms befindet sich die zellengewölbte Trinkstube, die mit schönen spätgotischen Wandmalereien ausgestattet ist.

Obwohl Schloss Heynitz ins 14. Jahrhundert datiert – aus dieser Zeit stammt wohl der Wohnturm an der Nordwestecke des Baus –, verdankt es sein heutiges Aussehen weitgehend einer durchgreifenden Umgestaltung zu Beginn des 16. Jahrhunderts. Der in einer Talmulde zu Füßen des Ortes gelegene, elegant proportionierte Bau zeigt mit seinen steilen, offenbar durch das Formenspiel der Schlingengewölbe Benedikt Rieds und Jakob Heilmanns beeinflussten Blendwerkgiebeln und den zweigliedrigen Vorhangbogenfenstern den charakteristischen Bauschmuck der Epoche. Das Schloss war ursprünglich von einem Wassergraben umgeben, der jedoch bis auf einen kleinen Teich auf der Ostseite zugeschüttet wurde.

Bautzen, Alte Wasserkunst und St. Michaelis Da das tief eingeschnittene Felsental der Spree die Ausbreitung der Lausitzmetropole nach Westen begrenzte, haben sich hier umfangreiche Teile der Stadtbefestigung erhalten, in die auch die Alte Wasserkunst zu Füßen der Michaeliskirche einbezogen ist. So eindrucksvoll sich das 1558 errichtete Schöpfwerk in das Stadtpanorama einfügt, zeigt es doch exemplarisch die Stagnation der Befestigungsarchitektur. Abgesehen von Details wie dem Blendwerkfries am Helm unterscheidet sich der Turm kaum von den Bauten des 13. bis 15. Jahrhunderts.

Görlitz, Frauenturm mit St. Annenkapelle Der um 1250 errichtete Frauenturm (Dicker Turm) am Marienplatz besitzt als einzigen nennenswerten Bauschmuck das Görlitzer Stadtwappen von 1477, ursprünglich am 1848 abgebrochenen benachbarten Frauentor angebracht. Die nordwestlich davon befindliche Annenkapelle (1508–12) geht auf eine Stiftung des reichen Görlitzer Kaufmanns Hans Frenzel zurück. An den Fassaden des reich verzierten Baus findet sich ein Figurenzyklus mit Heiligen.

Die Städte

Stadtbefestigungen sind in Sachsen ungeachtet der häufig fast vollständig erhaltenen und in der Substanz zum Teil noch mittelalterlichen Altstadtkerne – verglichen etwa mit der Mark Brandenburg – erstaunlich rar. Das erklärt sich vor allem durch die frühzeitige und durchgreifende Industrialisierung, die dazu führte, dass Sachsen zu Beginn des 20. Jahrhunderts zu den am dichtesten besiedelten und zugleich wohlhabendsten Regionen Deutschlands zählte. Die bedeutendsten Reste mittelalterlicher Stadtmauern haben sich in der Oberlausitz erhalten. Ein weiterer Grund besteht darin, dass bei Einigen der im frühen 16. Jahrhundert gegründeten Bergstädte von vornherein auf den Bau einer Stadtmauer verzichtet wurde. So erhielt zum Beispiel Schneeberg anstelle einer Stadtmauer einen einfachen Zaun, der zu diesem Zeitpunkt offensichtlich den gewünschten Zweck erfüllte. Da Stadtbefestigungen als Zweckbauten kaum zur Entwicklung innovativer Architekturformen taugten, unterscheiden sie sich formal nur wenig von hundert Jahre älteren Bauten.

Die eindrucksvollsten Reste gotischer Stadtbefestigung findet man in Bautzen. Da sich die Stadt aufgrund ihrer Topographie im 19. Jahrhundert vornehmlich nach Osten ausdehnte, haben sich oberhalb des tief eingeschnittenen Spreetals zwischen der Michaeliskirche und der Ortenburg Teile der Stadtmauer und einige Türme erhalten, von denen vor allem der steil aufragende, 1558 errichtete Bau der Alten Wasserkunst – in der sich ein altes Schöpfwerk befindet – zusammen mit der auf steilem Fels errichteten umgebenden Bebauung ein malerisches Ensemble bildet. Wie bei den meisten Befestigungstürmen der Epoche handelt es sich um einen in einem Oktogonhelm gipfelnden, wuchtigen, zinnenbekrönten Rundturm. Mit dem Reichenbacher und dem Frauentorturm – an dem ein 1477 geschaffenes Stadtwappen angebracht ist – haben sich auch in Görlitz zwei bemerkenswerte Beispiele erhalten.

Die ursprünglich teilweise reich ausgestatteten spätgotischen Rathäuser Sachsens sind fast überall nachmittelalterlichen Neubauten gewichen oder wurden in späteren Jahrhunderten so durchgreifend verändert, dass sich ihr einstiges Erscheinungsbild nur noch erahnen lässt. Der künstlerisch bedeutendste und zugleich am besten erhaltene spätmittelalterliche kommunale Verwaltungsbau in Sachsen ist das Rathaus in Meißen. An seiner Entstehung war Arnold von Westfalen – entgegen früheren Annahmen – wohl nicht beteiligt. Den im 16. Jahrhundert stark überarbeiteten rechteckigen Monumentalbau prägen vor allem die drei Zwerchhäuser auf der Marktseite des steil aufragenden Satteldachs, deren Blendengliederung ebenso wie die des Westgiebels erkennen lässt, dass man es noch mit einer Schöpfung des

Görlitz, Reichenbacher Torturm Der westlich des Obermarktes als eines der letzten Relikte der einstigen Görlitzer Stadtbefestigung aufragende Reichenbacher Torturm ist architektonisch einer der interessantesten spätmittelalterlichen Wehrtürme Sachsens. Der quadratische Unterbau entstand im 14. Jahrhundert, der Wehrgang und der zylindrische Oberbau wurden 1484 hinzugefügt. Die Barockhaube stammt von 1782. Der heute als Aussichtsturm dienende Bau bietet eine lohnende Aussicht.

Kamenz, Pulsnitzer Torturm (Roter Turm) Der zum ehemaligen Pulsnitzer Tor gehörende Rote Turm entstand wohl im 15. Jahrhundert und wurde 1842 historistisch verändert. Stiche aus dem frühen 19. Jahrhundert zeigen ihn noch mit einer vorgelagerten Bastion als Teil des Mauerkranzes. Der zu den größten erhaltenen Bauten seiner Art in Sachsen zählende zinnenbekränzte Turm diente im Spätmittelalter als Gefängnis und kann seit seiner Restaurierung bestiegen werden.

ausklingenden Mittelalters zu tun hat. Im Inneren finden sich in vielen Räumen – so vor allem im Ratskeller – noch die originalen Zellen- und Tonnengewölbe.

Das im Kern 1470–74 errichtete, langgestreckte Freiberger Rathaus wurde im 17. und im 19. Jahrhundert stark verändert. Der die Gebäudesilhouette beherrschende Turm wurde 1618 erhöht, war aber bereits im 15. Jahrhundert angelegt worden. Das gotische Satteldach und Teile der ursprünglichen Fassadengestaltung wurden dem Neorenaissanceumbau geopfert.

Das weitgehend im ursprünglichen Zustand erhaltende doppeltürmige Chemnitzer Rathaus entstand zwar weitgehend in den Jahren 1496–98 – der Seigerturm auf der Marktseite wurde nebst seiner Haube schon 1486–88 errichtet –, wirkt aber mit seinen jeglichen gotischen Zierrats entbehrenden Fassaden und den im Erdgeschoss rundbogigen, ansonsten rechteckigen Fensteröffnungen bereits wie ein Renaissancebau.

Die ab 1508 errichteten spätgotischen Teile des nach einem Brand im Jahre 1548 umgestalteten und ab 1912 durch einen Neobarockanbau ergänzten Plauener Rathauses stehen unübersehbar in der Tradition der Albrechtsburg. Unter dem schönen geschweiften Renaissancegiebel erkennt man die vertrauten dreiteiligen Vorhangbogenfenster, die auf einen Baumeister aus dem Umfeld Arnolds schließen lassen. Aufschlussreich ist der Vergleich des 1523 entstandenen Giebels des Zwickauer Gewandhauses mit dem des Plauener Rathauses. Abgesehen von den vorgeblendeten kielbogigen Diensten und den geschwungenen Freistegen des Zwickauer Baus ist die Grundstruktur beider Fassaden fast identisch. Obwohl bis weit in die zweite Jahrhunderthälfte immer wieder spätgotische Elemente wie Vorhangbogenfenster oder Schmuckgiebel in gewundener Reihung verwendet wurden, vollzog sich die stilistische Umstellung im Wesentlichen in den 1530er Jahren. So ist das 1539 entstandene Marienberger Rathaus bereits ein reiner Renaissancebau.

Auch die aus mittelalterlicher Zeit erhaltenen Wohnhäuser entstammen fast durchweg dem späten 15. und

Meißen, Rathaus, Südfassade Die lange Zeit vermutete Mitwirkung Arnolds von Westfalen bei der Errichtung des Meißener Rathauses konnte nicht bewiesen werden. Stilistisch hat der 1472 entstandene Bau mit hohem Satteldach wenig mit der Albrechtsburg gemein. Die unregelmäßig verteilten Kreuzstockfenster erwecken den Anschein eines Renaissancegebäudes, die steilen Staffelgiebel über den Lukarnen zeigen eine eher konservative Blendengliederung. Im Inneren haben sich unter anderem einige Zellengewölbe erhalten.

frühen 16. Jahrhundert. Zwar gibt es in fast allen größeren sächsischen Städten vereinzelt spätgotische Häuser, großflächige Ensembles, die einen Eindruck vom ursprünglichen Erscheinungsbild der Straßenzüge und Plätze vermitteln, findet man aber praktisch nur noch in Freiberg und Görlitz. Die unbeschädigt aus dem letzten Krieg hervorgegangenen Städte Meißen und Bautzen sind überwiegend durch barocke Bebauung geprägt. Den umfangreichsten Bestand an mittelalterlicher Stadtarchitektur findet man

im Bereich des Obermarktes, des Untermarktes und des Petriplatzes in Freiberg. Der wohl prächtigste Einzelbau ist die im Erdgeschoss zellengewölbte Thümerei nördlich des Doms mit ihrem mächtigen blendengeschmückten Giebel. Während der überwiegende Teil der Wohnhäuser die Traufseite zur Straße richtet, präsentieren sich die funktional hervorgehobenen oder von besonders wohlhabenden Bürgern errichteten Bauten – in der Art der norddeutschen Patrizierhäuser – mit reich gestalteten Schaugiebeln. Mit

Freiberg, Rathaus, Ostfassade Das Freiberger Rathaus ist auf den ersten Blick kaum mehr als gotisches Gebäude zu bezeichnen, obwohl sein baulicher Kern aus dem Jahr 1474 stammt. In späteren Zeiten wurden jedoch einschneidende Veränderungen vorgenommen. So entstand das Satteldach mit seinen Gauben und Giebeln erst 1857, der Erker 1578 und das Portal im Jahre 1775. Der bereits seit 1429 bestehende Turm wurde 1618 erhöht und mit der barocken Laterne versehen.

Grimma, Rathaus Auch das Rathaus von Grimma ist ein Bau am Übergang von der Spätgotik zur Renaissance, der keinem der beiden Stile klar zugeordnet werden kann. Der freistehende Bau wurde 1442 errichtet und nach einem Brand zwischen 1538 und 1585 erneuert. Im Keller gibt es zellengewölbte Räume.

Plauen, Rathaus, Ansicht von Süden Die Schauseite des Plauener Rathauses zeigt verschiedene Stadien des Übergangs von der Spätgotik zur Renaissance. Während der nach dem Brand von 1548 erneuerte Giebel bereits die geschwungenen Formen der Frührenaissance aufweist, findet man an der 1508 entstandenen zweigeschossigen, fünfachsigen Fassade noch dreiteilige Vorhangbogenfenster ähnlich denen der Meißener Albrechtsburg. Der Laubenvorbau mit seitlichen Freitreppen wurde 1912 angefügt.

Zwickau, Gewandhaus, Nordfassade Das Zwickauer Gewandhaus wurde 1522–25 von Jakob Tengel erbaut, geht aber vermutlich auf Entwürfe Jakob Heilmanns zurück. Für eine Urheberschaft Heilmanns sprechen stilistische Anhaltspunkte. An den Gebäudeecken befinden sich mit Astwerk verzierte Rundpfeiler, und das Muster der seitwärts über die Giebelfläche hinausschwingenden Zierrippen erinnert entfernt an das Formenspiel der Annaberger Wölbung. Wird jedoch die Annenkirche noch als gotisch empfunden, deuten sich hier schon die Fassaden der Renaissance an.

Freiberg, Thümerei am Untermarkt Die sogenannte Thümerei, in der sich seit 1903 das Freiberger Stadt- und Bergbaumuseum befindet, diente von der Errichtung 1484 bis zu Reformation im Jahre 1537 als Domherrenhof. Der prachtvolle spätgotische Bau – einst durch einen hölzernen Gang mit dem Dom verbunden – mit steilem Staffelgiebel, Wendelstein, Vorhangbogenfenstern und restaurierter Sgraffito-Malerei ist der eindrucksvollste Profanbau an dem ohnehin reich mit aufwändigen Bürgerhäusern ausgestatteten Untermarkt. Einige Räume im Erdgeschoss besitzen schöne Netzgewölbe.

MUSEUM

Meißen, Bischof-Benno-Hof Das weiß verputzte Bürgerhaus mit paarweise angeordneten Kreuzstockfenstern und Renaissance-Sitznischenportal ist äußerlich einer der unscheinbareren Bauten am Marktplatz von Meißen. In Inneren des weitgehend im späten 15. und im 16. Jahrhundert entstandenen Baus, dessen Vorgeschichte bis ins 11. Jahrhundert zurückreicht, finden sich jedoch noch schöne spätmittelalterliche Räume wie diese zellengewölbte Gaststube im Erdgeschoss.

dem Gewandhaus und dem Dünnebierhaus existieren am Zwickauer Markt zwei besonders aufwändige Bauten dieses Typs. Eine vermutlich von den Tuchmachermanufakturen abgeleitete regionale Sonderform findet man in Görlitz. Die Häuser am Untermarkt 2–5 besitzen eine vom Erdgeschoss bis zum Dachstuhl reichende Eingangshalle unter einem Netzgewölbe.

Der fast organische Formenwandel lässt sich in der sächsischen Profanarchitektur beispielhaft an der Fenstergestaltung ablesen. Die steinernen Mittelpfosten der Arnoldschen Vorhangbogenfenster wurden allmählich von hölzernen Fenstersprossen verdrängt. Bei den bis zur Mitte des 16. Jahrhunderts errichteten Rat- und Wohnhäusern findet man neben Vorhangbogenfenstern unterschiedlichster Form und Größe immer häufiger rechteckige Kreuzstockfenster, die anfangs teilweise noch durch steinerne Pfosten, später nur noch durch Holzsprossen geteilt sind. Von jenen der Renaissancezeit sind sie fast nur noch durch die Stabwerkprofilierung ihrer Gewände unterschieden.

Während die sächsischen Stadtpfarrkirchen noch bis fast zum Ende des 16. Jahrhunderts im Kern mittelalterlicher Tradition verhaftet blieben, hat sich an den Profanbauten der Epoche ein nahezu bruchloser Übergang von der ausklingenden Gotik zur Frührenaissance vollzogen. Aus der Albrechtsburg und ihren Nachfolgebauten spricht bereits die Baugesinnung der kommenden Epoche. Die Innovationskraft ist in der frühen Neuzeit auf die Profanarchitektur übergegangen, und die Frage, welcher Bau noch und welcher schon nicht mehr gotisch ist, kann häufig kaum befriedigend beantwortet werden.

Chronologische Liste der wichtigsten Bauten

Romanik

Meißen, Burgkapelle (968?) **
Bautzen, Dom St. Peter (vor 1002?) **
Meißen, Dom (1006) **
Pegau, Klosterkirche St. Jakob (1096, Grabplatte Wiprechts von Groitzsch um 1230) ***
Gnandstein, Burg (1100–90) *
Bad Lausick, St. Kilian (1105)
Leisnig, Schloss Mildenstein – Burgkapelle (1. Hälfte 12. Jh.)
Wurzen, Dom St. Marien (1114) *
Wechselburg, Stiftskirche (1160–68, Bildwerke um 1230/40)
Chemnitz, St. Jakobi (1165) **
Leipzig, St. Nikolai (1165) * **
Geithain-Wickershain, St. Marien (1168) * **
Nossen, Klosterkirche Altzella (1175–98, Portal Anfang 13. Jh. erhalten) ***
Rötha, St. Georgen (2. Hälfte 12. Jh.) *
Rochlitz, Dorfkirche (2. Hälfte 12. Jh.)
Borna, Kunigundenkirche (spätes 12. Jh.)
Pegau, St. Laurentius (1189) *
Frauenstein, Burg (12. Jh.) ****
Altpenig, Dorfkirche (Ende 12. Jh.)
Kitzen-Hohenlohe, Dorfkirche (12.–13. Jh.)
Freiberg, Dom Unser lieben Frau (spätes 12. Jh., Bildwerke um 1230/40) **
Mylau, Burg (Ende 12. Jh.)
Geithain, St. Nikolai (um 1200) *
Höfchen, Burg Kriebstein (um 1200) *
Elsterberg, Lobdaburg (Anfang 13. Jh.)
Görlitz, St. Peter und Paul, (Anfang 13. Jh.) *
Rochlitz, Burg, »Jupen« (Anfang 13. Jh., Helme 1390)
Zwickau, St. Marien (1206) *
Freiberg, St. Petri (1210–18) * **
Meißen, St. Martin (um 1220)
Röcknitz, Dorfkirche (13. Jh.)
Plauen, St. Johannes (ab 1230) **
Grimma, Unserer lieben Frau (1230–40) *
Etzoldshain, Dorfkirche (mittleres 13. Jh.)
Dippoldiswalde, St. Nikolai (Mitte 13. Jh.)
Dippoldiswalde, St. Marien und St. Laurentius (Mitte 13. Jh.) *
Kohren-Sahlis, St. Gangolf (Mitte 13. Jh.) *

Entwicklung und Blüte der Gotik

Panschwitz-Kuckau, Kreuzgang, Kreuzkapelle, Kapitelsaal (um 1250)
Panschwitz-Kuckau, Zisterzienser-Nonnen-Klosterkirche (1260er Jahre)
Meißen, Dom (1265–15. Jh.)
Wurzen, Dom St. Marien (1260 bis Mitte 14. Jh.)
Zittau, Frauenkirche (Chor um 1260) *
Bautzen, Dom St. Peter (Westvorbau 2. Hälfte 13. Jh.)
Zittau. Franziskanerkirche (spätes 13. Jh.)
Meißen, St. Afra (1284–1326)
Pirna, Dominikanerkirche (1300 bis 2. Hälfte 14. Jh.)*
Weesenstein, Schloss (seit Anfang 14. Jh.) * **
Döbeln, St. Nikolai (1333 als Basilika begonnen – ab 1479 als Halle vollendet)
Leipzig, St. Thomas, Chor (1355)
Oybin, Klosterkirche (1365–84) ****
Chemnitz, St. Jakobi (Langhaus ab 1365, Chor Anfang 15. Jh.)
Görlitz, Franziskanerkirche (Chor 1371–81) * **
Höfchen, Burg Kriebstein (1384–1408)
Heynitz, Schloss (Kernbau 14. Jh.)

Ausklang des Mittelalters

Freiberg, Dom (Chor 1386, Langhaus 1484–1501)
Torgau, St. Marien (1390 bis Mitte 15. Jh.)
Kamenz, St. Marien (ca. 1400–50)
Chemnitz, Schlosskirche (Chor um 1400, Langhaus 1484–1540)
Freiberg, St. Petri (1401–40)
Liebstadt, Schloss Kuckuckstein (ab 1402)
Zittau, Kreuzkirche (Anfang 15. Jh.)
Pegau, St. Laurentius (15. Jh.)
Chemnitz-Ebersdorf, Stiftskirche (1410–20)
Borna, St. Katharinen (1411–34)
Görlitz, St. Peter und Paul (1423–97)
Geithain-Wickershain, St. Marien (ab 1424)
Frohburg, St. Michael (ab 1425)
Wittichenau, St. Mariä Himmelfahrt (ab 1429)
Schwarzenberg, Schloss (1433)
Freiberg, St. Nikolai (1440 bis Anfang 16. Jh.)
Oschatz, St. Ägidien (1443/1846)
Meißen, Frauenkirche (1447–57)
Meißen, Franziskanerkirche (1447–57) *
Görlitz, Frauenkirche (1449–86)
Görlitz, St. Nikolai (1452–1515)
Zwickau, Dom St. Marien (Chor 1453–70, Langhaus 1506–65)
Mittweida, St. Marien (1454–76)
Pirna, St. Marien (1466–79) **
Rochsburg, Schloss (1470–82)
Torgau, Schloss Hartenfels (1470 bis Mitte 16. Jh.)
Meißen, Albrechtsburg (1471–89)
Meißen, Rathaus (ab 1472)
Meißen, Bischofsschloss (1476–1518)
Penig, Unser lieben Frau (1476–1515)
Zwickau, St. Katharinen (2. Hälfte 15. Jh.)
Bautzen, Dom St. Peter (2. Hälfte 15. Jh.)
Rochlitz, St. Kunigunden (2. Hälfte 15. Jh.)
Stolpen, Veste (1476 bis Mitte 16. Jh. und später)
Zwickau, »Dünnebierhaus« (1480)
Schönfels, Burg Altschönfels (1480)
Görlitz, Heiliges Grab (1481–1504)
Leipzig, St. Thomas (Langhaus 1482–96)
Bautzen, Ortenburg (Burgwasserturm um 1400, sonst 1483–86)
Görlitz, Stadtbefestigung (u.a. erhalten Reichenbacher Torturm 1484, Kaisertrutz 1490)
Zittau, Weberkirche (1488–1518)
Sachsenburg, Schloss (1488)
Kamenz, Franziskanerkirche (1493 bis Anfang 16. Jh.)
Gnandstein, Burg (Kapellenflügel Ende 15. Jh.)
Görlitz, Franziskanerkirche (Langhaus Ende 15., Anfang 16. Jh.)
Hoyerswerda, St. Johannes (Ende 15./Anfang 16. Jh.)
Rochlitz, Schloss (Ende 15./Anfang 16. Jh.)
Strehla, Schloss (Ende 15./Anfang 16. Jh.)
Annaberg, St. Annen (1499–1525)
Strehla, Stadtkirche (spätes 15. bis frühes 16. Jh.)
Heynitz, Schloss (Anfang 16. Jh.)
Pirna, St. Marien (1502–46)
Geithain, St. Nikolai (ab 1504)
Plauen, Rathaus (1508)
Belgern, St. Bartolomäus (1509–12)
Rötha, St. Marien (1510–20)
Leipzig, St. Nikolai (Langhaus 1513–26) * **
Crimmitschau, St. Laurentius (Langhaus 1513)
Schneeberg, St. Maria und St. Wolfgang (1515–40)
Oelsnitz, St. Jakobi (ab 1519)
Zwickau, Gewandhaus (1522–25)
Meißen, Domherrenhöfe (ab 1526) *
Torgau, Schlosskirche (1543–44)
Plauen, St. Johannes (1548)
Dahlen, Unserer lieben Frau (Langhaus 2. Hälfte 16. Jh.)
Marienberg, St. Marien (1558–64)
Lauenstein, Stadtkirche (nach 1594)

* nur noch teilweise erhalten
** durch Nachfolgebau ersetzt
*** beseitigt
**** Ruine

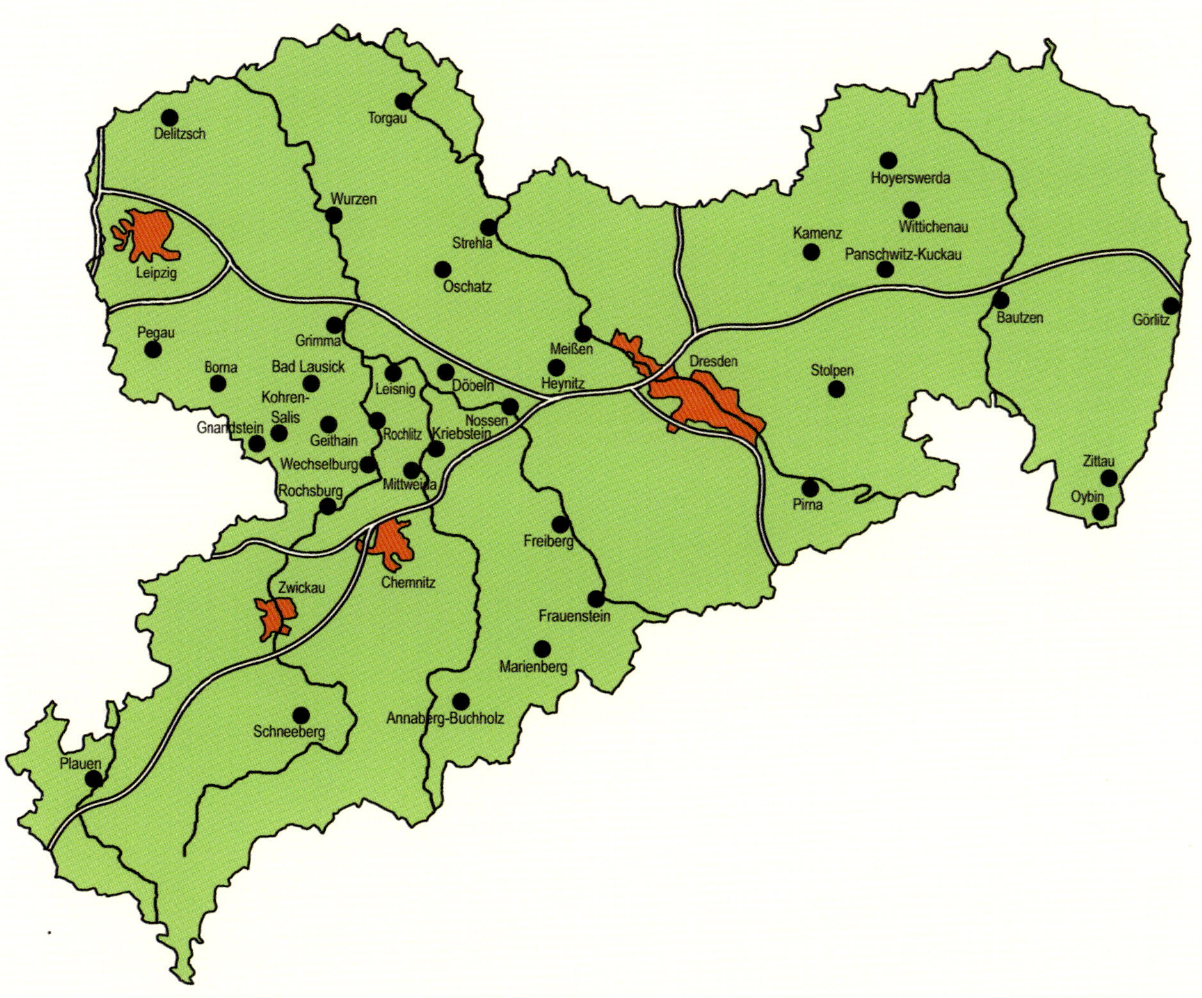

Delitzsch
Torgau
Wurzen
Strehla
Leipzig
Oschatz
Pegau
Grimma
Borna
Bad Lausick
Kohren-
Salis
Gnandstein
Geithain
Leisnig
Döbeln
Rochlitz
Kriebstein
Nossen
Wechselburg
Mittweida
Rochsburg
Meißen
Heynitz
Dresden
Hoyerswerda
Wittichenau
Kamenz
Panschwitz-Kuckau
Bautzen
Görlitz
Stolpen
Pirna
Zittau
Oybin
Freiberg
Chemnitz
Zwickau
Frauenstein
Marienberg
Annaberg-Buchholz
Schneeberg
Plauen

Glossar

Apsis halbkreisförmiger oder eckiger, gewölbter Raum als Chorabschluss

Archivolte der Teil der Portalfassung, der die Gliederung des Gewändes im Bogenlauf fortsetzt

Basilika Kirchenbau mit gegenüber den Seitenschiffen erhöhtem Mittelschiff, abgeleitet von der römischen Markthalle dieses Namens

Bettelordensgotik bewusst schmucklos gestaltete Sakralbauten der zu Armut und Askese verpflichteten Dominikaner und Franziskaner, der sogenannten Bettelorden

Binnenchor östliches Ende des Mittelschiffs bei Umgangschören, vom Chorumgang umschlossen

Binnenpolygon mehrseitiger (polygonaler) Abschluss des Binnenchors

Blende durch die Mauerstruktur oder die Art des Materials hervorgehobener Mauerteil, in der Gotik meist als spitzbogige Vertiefung hinter vorgeblendetem Mauerwerk.

Blendnische unterhalb der Obergadenfenster als deren scheinbare Verlängerung in die Wand eingelassene Vertiefung mit aufgemauerten Diensten

Chor der das Kirchenschiff im Osten abschließende Raum mit dem Hochaltar; ursprünglich für den Chorgesang bestimmt, von Lang- oder Querhaus durch Lettner, Chorschranke oder -gitter abgeteilt.

Chorrandkapellen dem Chorumgang angefügte Apsiden

Chorscheitelkapelle apsidialer Abschluss am Chorhaupt oder Chorumgang

Chorumgang durch Weiterführung der Seitenschiffe den Chor umlaufender Gang

Chorpolygon mehrseitiger (polygonaler) Chorabschluss

Dienst langes, dünnes Säulchen als Bestandteil eines Bündelpfeilers oder Wandpfeilers zur Stützung von Gurten und Rippen eines Kreuzrippengewölbes

Empore balkonartiger Aufbau im Westen des Kirchenschiffs als Orgelempore, bei spätgotischen Kirchen auch entlang der Seitenschiffe oder sogar um den Chor herumgeführt.

Fiale schlankes Türmchen als Bekrönung von Strebepfeilern oder seitliche Begrenzung von Wimpergen

Flamboyant-Gotik Stil der französischen Spätgotik mit flammenförmigem Maßwerk

Gewände schräger Mauereinschnitt bei Fenstern und Portalen, in der Gotik meist profiliert

Gewölbekappe zugemauerte Fläche zwischen Rippen und Gurtbögen, eines der vier Teilstücke des Kreuzgewölbes

Gurtbogen Verstärkungsbogen quer zur Längsachse des Kirchenschiffes, trennt die Joche voneinander

Joch Gewölbefeld eines Bauwerkes, von vier Stützen begrenzt

Kämpfer oberste vorspringende Platte eines Pfeilers oder einer Säule als Auflage für Bogen und Gewölbe

Kaffgesims Gesims auf Höhe der Fenstersockel, diese meist miteinander verbindend

Kielbogen schiffskielförmig schließender gotischer Spitzbogen

Krabbe, Kriechblume blattartiges Zierelement auf den Kanten von Giebeln, auf Turmhelmen und anderen Teilen

Kreuzblume kreuzförmig auslaufende, aus Blattwerkornamenten gebildete Spitze an Türmen, Giebeln oder Fialen

Lanzettbogen übersteiler Spitzbogen

Lettner meist reich gestaltete, durchgängige Scheidewand zwischen Chor und Langhaus, im 16. Jahrhundert in den meisten Kirchen beseitigt

Lichtgaden gleichbedeutend mit Obergaden

Lisene flacher senkrechter Mauerstreifen zur Fassadengliederung

Lukarne meist reich verziertes Dachfenster mit eigener architektonischer Gliederung, auch Zwerchhaus

Maßwerk aus geometrischen Formen aufgebautes Bauornament, ursprünglich nur für die Gestaltung des Fensterzwickels, später als Blendmaßwerk zur Giebeldekoration, als durchbrochenes Maßwerk zur Füllung von Brüstungen oder Wimpergen; wichtigste Formen: Pass, Fischblase

Netzgewölbe spätgotische Wölbungsform mit jochübergreifendem netzförmigen Rippenmuster

Obergaden über die Seitenschiffe herausragender Teil des Mittelschiffes in einer Basilika, in dem die Hochschiffsfenster liegen (Lichtgaden)

Palas Wohn und Repräsentationsbau der mittelalterlichen Burg

Pass Kreisteil im Schildbogen des gotischen Maßwerkfensters

Pilaster Wandpfeiler mit Kapitell zur Aufnahme und Ableitung von Kräften

Plinthe quadratische Fußplatte von Säulen, Pfeilern und Skulpturen

Presbyterium der für Priester bestimmte Raum am Hauptaltar im Chor

Querhaus quer zum Langhaus verlaufender Bauteil in Kirchenbauten, meist vor dem Chor

Rayonnant-Gotik französischer hochgotischer Stil

Scheidarkatur Bogenarkade, die im Kircheninneren die Schiffe voneinander trennt

Schildbogen Bogen, der sich an der Durchdringungsstelle eines Gewölbes und einer Mauer ergibt, meist zugleich die oberste Fensterbegrenzung

Stabwerk schlanke, senkrechte Stäbe zur Unterteilung von Fenstern und Maßwerkpartien

Staffelhalle Hallenkirche mit überhöhtem Mittelschiff ohne ausgebildete Obergaden

Sterngewölbe sternförmige Konfiguration der Gewölberippen.

Strebewerk Konstruktionssystem zur Ableitung des Gewölbeschubs über die Strebebögen (Schwibbogen) und Strebepfeiler an die Fundamente am Außenbau von Basiliken.

Stützenwechsel Wechsel unterschiedlicher Pfeilerquerschnitte im Mittelschiff der romanischen Basilika zur rhythmischen Belebung des Langhauses, häufig Pfeiler und Säule.

triapsidialer Chor gotische Choranlage, bei der die einzelnen Schiffe in separaten polygonalen Apsiden schließen

Triforium Laufgang zwischen Arkaden und Fensterzone einer Basilika.

Triumphbogen Querbogen zwischen Vierung und Chor oder Langhaus und Chor

Triumphkreuz unterhalb des Triumphbogens angebrachtes Kruzifix

Vegetabilisch pflanzliche Form imitierend

Wendelstein aus der Gebäudeflucht hervortretender Turm mit Wendeltreppe im Inneren

Wimperg gotischer Ziergiebel über Portalen und Fenstern, meist mit Blendmaßwerk gefüllt, gerahmt von Fialen und Krabben

Literaturauswahl

Blaschke, Karlheinz: Geschichte Sachsens im Mittelalter, Berlin 1990

Dehio, Georg: Handbuch der Deutschen Kunstdenkmäler, Sachsen I (Regeierungsbezirk Dresden) Sachsen II (Regierungsbezirke Leipzig und Chemnitz), München 1996 u. 1998

Fellmann, Walter: Sachsen – Kultur und Landschaft zwischen Dresden, Leipzig und Chemnitz, Köln 1991

Gerstenberg, Kurt: Deutsche Sondergotik, Berlin 1913

Gurlitt, Cornelius u.a.: Beschreibende Darstellung der älteren Bau- und Kunstdenkmäler Sachsens, Dresden 1919

Hentschel, Walter: Peter Breuer. Eine spätgotische Bildschnitzerwerkstatt, Berlin [2]1952

Hootz, Reinhardt (Hg.): Deutsche Kunstdenkmäler, ein Bildhandbuch: Sachsen, München 1989

Landesgruppe Deutsche Burgenvereinigung (Hg.): Schlossbau der Spätgotik in Mitteldeutschland, Dresden 2007

Löffler, Fritz: Die Stadtkirchen in Sachsen, Berlin 1974

Magirius, Heinrich: Der Dom zu Meißen, Regensburg 2001

Magirius, Heinrich u. Hartmut Mai: Dorfkirchen in Sachsen, Berlin 1985

Mrusek, Hans-Joachim: Meißen, Leipzig [3]1989

Nußbaum, Norbert: Deutsche Kirchenbaukunst der Gotik, Köln 1985

Rogge, Jörg: Die Wettiner – Aufstieg einer Dynastie im Mittelalter, Ostfildern 2005

Schmidt, Gerhard: Die Kirchen der Sächsischen Schweiz, Berlin 1990

Ullmann, Ernst: Gotik, Leipzig 1994

Ortsregister

Die fett gesetzten Ziffern verweisen auf Seiten mit Abbildungen.

Matthias Barth
Herrenhäuser und Landsitze in Brandenburg und Berlin
Von der Renaissance bis zum Jugendstil

248 Seiten, 21,5 21,5 cm
zahlreiche farbige Abbildungen + 1 Karte, gebunden
ISBN 978-3-89479-943-4

Jürgen Hohmuth (Fotografien) · Enno Kaufhold (Text)
Berlin Zeitsprünge
Die Entwicklung der Stadt

192 Seiten, 24 x 30 cm
82 farbige, 100 s/w-Abbildungen, gebunden
ISBN 978-3-89479-368-5

Matthias Barth
Romanik und Gotik in Brandenburg und Berlin
Architektur und Baudekor des Mittelalters

232 Seiten, 21,5 x 21,5 cm
zahlreiche farbige Abbildungen, gebunden
ISBN 978-3-89479-942-7

Berlin
Fotografien von Wolfgang Scholvien

148 Seiten, 30 x 34 cm
41 farbige Abbildungen, 54 Abbildungen im Duotone, gebunden
ISBN 978-3-89479-729-4

www.nicolai-verlag.de